平话法律丛书

农民专业合作社
法治化治理

任中秀◎著

本书系教育部人文社会科学研究青年基金项目"民法典编纂中成员权
入典立法研究"（项目批准号：19YJC820047）的阶段性研究成果。
本书出版获得山西财经大学2017年引进博士科研启动经费（Z18131）
和山西财经大学法学专项经费（Z32007）支持。

Research on Rule of Law Governance of
Farmer Specialized Cooperatives

经济管理出版社
ECONOMY & MANAGEMENT PUBLISHING HOUSE

图书在版编目（CIP）数据

农民专业合作社法治化治理/ 任中秀著. —北京：经济管理出版社，2019. 12
ISBN 978 - 7 - 5096 - 6941 - 9

Ⅰ. ①农… Ⅱ. ①任… Ⅲ. ①农业合作社—合作社法—研究—中国
Ⅳ. ①D922.44

中国版本图书馆 CIP 数据核字（2019）第 278594 号

组稿编辑：王光艳
责任编辑：李红贤　詹静
责任印制：黄章平
责任校对：赵天宇

出版发行：经济管理出版社
　　　　　（北京市海淀区北蜂窝 8 号中雅大厦 A 座 11 层 100038）
网　　　址：www. E-mp. com. cn
电　　　话：(010) 51915602
印　　　刷：三河市延风印装有限公司
经　　　销：新华书店
开　　　本：710mm×1000mm/16
印　　　张：9.25
字　　　数：154 千字
版　　　次：2019 年 12 月第 1 版　　2019 年 12 月第 1 次印刷
书　　　号：ISBN 978 - 7 - 5096 - 6941 - 9
定　　　价：68.00 元

前　言

一、研究背景

　　2007 年 7 月 1 日正式施行的《中华人民共和国农民专业合作社法》（以下简称《农民专业合作社法》）及国务院颁布的《农民专业合作社登记管理条例》、农业部颁布的《农民专业合作社示范章程》明确了农民专业合作社的性质属于互助性经济组织，确立了农民专业合作社的基本运行规则和治理结构等。2017 年，《民法总则》的颁布则明确了我国合作社为特别法人的主体地位，为农民专业合作社的主体地位提供了明确的法律依据。2017 年 12 月 27 日，《农民专业合作社法》进行了一次重大修订，农民专业合作社立法更臻完善。为更好地贯彻《农民专业合作社法》，有的省份还颁布了地方法规，如《陕西省实施〈中华人民共和国农民专业合作社法〉办法》《山西省农民专业合作社条例》，为农民专业合作社的发展提供了较为明确细化的法律指引。

　　学界研究可大致分为三个阶段：第一个阶段是 1978～2002 年，这一阶段对合作社的关注和研究较少。比较有代表性的论文有马俊驹的《论合作社法》、郭国庆的《德国〈合作社法〉评介》；较之法学界，经济学界及其他学界则有较多的研究，如秦柳方、陆龙文主编的《国外各种经济合作社》对国外的经济合作社有较系统深入的介绍。第二个阶段是 2003～2006 年，法学界开始关注合作社的研究。这一阶段针对合作社的立法，学者主要探讨了合作社的法律地位、立法问题以及外国的合作社及其立法情况，为合作社的立法提供理论基础和具体制度借鉴。第三个阶段是 2007 年至今，对合作社的研究仍在继续。这一阶段对合作社法律的研究转向实证研究，考察合作社法实施以来各地的地方法规对其落实情况，以及合作社在运行中存在的各种内部治理、外部融资及与政府之间的关系等问题。出现了一些关于合作社的研究成果，如蒋颖所著的《中国农村合作社法律制度发展研究》、王玉梅所著的《农民专业合作社之法理探究与实践》、王伦刚所著的《中国农民专业合作社运行的民间规则研究》。

二、研究内容

本书以我国农民专业合作社为主要考察对象，对其治理的法治化进行理论与实证研究；同时对农民专业合作社法的规定及运行做出评价，指出立法的成功之处及尚待完善之处。

本书主要分五章展开论述。第一章首先明确我国农民专业合作社及其治理的相关概念，界定课题研究主题及范围；第二章分析国外农业合作社法治化治理发展模式，为我国农民专业合作社治理提供比较借鉴范式；第三章分析农民专业合作社法治化治理的前提问题，包括合作社法人的出资与登记问题以及成员的资格与责任问题；第四章以山西省部分地区农民专业合作社为实证对象，指出我国农民专业合作社治理存在的问题并进行评析；第五章主要以成员权的行使为核心展开研究，阐述农民专业合作社的内部治理。

三、研究方法

本书主要采用了法解释学的方法、形式逻辑分析的方法、比较研究的方法以及社会实证的方法。依序略述如下：

1. 法解释学的方法

法解释学的方法在国内的法学研究与司法实务界中已得到非常广泛的认同与运用。在研读我国及国外农民专业合作社法律文本时，需要运用文义解释、体系解释、历史解释、目的解释等法解释学的方法。

2. 形式逻辑分析的方法

形式逻辑分析的方法涉及对概念的定义、判断、推理等问题。对概念作判断，离不开比较研究的方法。书中对于合作社、农民专业合作社、成员权等概念的定性及分析需要运用形式逻辑的分析方法。

3．比较研究的方法

比较研究分为纵向比较与横向比较。纵向比较通常为历史研究方法，即按照事物发展的顺序和历史事实来说明问题。本书探讨了农民专业合作社及其法律制度的历史发展。此外，对各国农民专业合作社法治化治理进行了比较研究。

4．社会实证的方法

社会实证的方法有利于弥补文本研究的不足。对我国农民专业合作社进行调查研究，是本书采用的重要研究方法。笔者选取了山西省部分地区的农民专业合作社为调研样本进行分析。通过调查，笔者更加深刻地认识到研究的理论价值与实践意义。

目　录

第一章
农民专业合作社法治化治理概述

第一节　农民专业合作社概述

1844 年，英国罗虚代尔公平先锋社（Rochdale Society of Equitable Pioneers）诞生，以此为标志，合作组织、合作制度开始建立，至今合作社已经存在170 多年。到20 世纪初，合作社已遍布全球各地。如今，受合作社惠泽的人口占全球总人口一半以上。自20 世纪90 年代以来，伴随着我国社会主义市场经济的发展、农村改革的逐步深入和对外开放的不断扩大，一些地区的农民自愿组成的农村专业合作组织也如雨后春笋般地发展起来。这些合作组织符合合作社的基本原则，涉及农、林、牧、渔等产品的种植、养殖和加工，并扩大到农村流通运输、销售、信息服务等诸多领域，以面向市场、连接农商、提高农产品竞争力为鲜明特色，活跃在农村，为农民架起了通向大市场的桥梁。探讨我国农民专业合作社的法治化治理，有必要先分析一下合作社的含义及法律特征。

一、合作社的含义及法律特征

合作社是一个来自西方的词汇，德语中合作社为"Genossenschaft"，是指为了共同的利益大家结合在一起的经济组织①；在英语中为 Cooperative，意为共同、一起、联合实施、操作某件事；日本将其翻译为"协同组合"。

有关国家或地区在立法时对合作社进行了定义。德国《合作社法》第 1 条第 1 款规定合作社的性质："其成员人数不固定、以通过共同经营而促进其成员的收益或者经营或者其社会或文化利益的团体（合作社），享有本法规定的'登记合作社'的权利。"②中国台湾地区 2002 年修正的"合作社法"第 1 条就开宗明义地规定："本法所称合作社，谓依平等原则，在互助组织之基础上，以共同经营方法谋社员经济之利益与生活之改善，而其社员人数及股金总额均可变动之团体。"1972 年，法国《合作社法》对农业合作社的定义是："农业合作社及其合作社联盟是不同于民事企业和贸易企业的一类特殊企业。它具有独立法人权利和完全民事权利。""农业合作社的目的是，农民共同利用便于发展其经济活动的相关手段，以扩大该经济活动的效益。"《荷兰农业合作社法》规定："合作社是长期从事经营活动的农民组织，共同核算，共同承担风险，同时保持农业活动的独立性以及使有关的经济活动尽可能多地获得利润的组织。"美国的农业合作社则是农业劳动者的集体组织，其成员必须与农事活动紧密相关。按 1922 年的《卡帕—巧尔斯坦德法》规定，凡从事于农产品生产的农场主、种植业主、牧场主、奶农、坚果或水果生产者皆有资格成为农业合作社的社员。《越南社会主义共和国合作社法》规定："合作社是指具有共同需要和利益的劳动者，根据法律规定，自愿提供资金或劳动，在互助的形式下，以将来有效地进行生产、经营、服务活动和提高生活水准以及促进国家的社会经济发展为目的谋求集体和个人实力的增强而组建的自治经济实体。"

通过对上述合作社法律概念的比较，可以看出，各国家和各地区合作社法对合作社的表述虽有不同，但基本上体现了合作社组织的一些共同特性，这也是合作社概念具有世界性的原因。但是，各国和各地区的定义也体现了一定的差异。例如，德国、中国台湾更强调合作社为谋求社员经济之利益之外，亦强调生活之

---

① 日耳曼法学者贝塞勒（Georg Beseler）在其名为《民众法与法学家法》一书中第一次提出确切的"合作社"的概念，在他看来，如堤坝-防护堤协会、宗教教派、矿业公司以及宗教、学术、艺术社团、船舶公司、股票和保险公司，甚至在某种意义上的乡镇和德意志联邦都是"合作社"。参见［德］格尔德·克莱因海尔，扬·施罗德. 九百年来德意志及欧洲法学家［M］. 北京：法律出版社，2005：58，153-154.

② 《德国合作社法》1964 年 1 月 1 日生效，2006 年 10 月 16 日重新修订，2013 年 7 月 15 最后一次修改。上述条文引自胡晓静. 德国商事公司法［M］. 杨代雄译. 北京：法律出版社，2014：241.

改善，称其为"团体"，而并不强调"经济组织"，而法国、荷兰、美国、越南的合作社立法则更强调合作社为经济性组织。

为了统一对合作社的认识，国际合作社联盟（International Cooperative Alliance，ICA）1995 年代表大会通过的《关于合作社界定的声明》（Statement on the Cooperative Identity）将合作社定义为："合作社是自愿联合起来的人们通过共同所有与民主管理的组织以实现其共同的经济、社会与文化目标及需求的自治联合体。"这是一个关于合作社的国际标准概念，表明国际合作社联盟试图容纳各种环境下各种类型合作社的努力。联合国大会 2001 年批准的《旨在为合作社创造发展环境的准则草案》（合作社立法的指导原则）要求使用国际合作社联盟使用的合作社定义。《关于合作社界定的声明》关于合作社定义、合作社价值和合作社原则的内容，得到了 2002 年 6 月 20 日第九十届国际劳工组织大会通过的《合作社促进建议书》（Promotion of Cooperatives Recommendation，2002）的认可。该建议书在国际劳工组织大会上获得 175 个成员国的全面确认和通过，这表明，上述合作社的定义取得国际社会的共同认同。中国是国际合作社联盟的成员，对该定义也是完全认可的。

根据国际合作社联盟对合作社的定义，1995 年国际合作社联盟大会通过的关于合作社特征的声明以及各国对合作社的立法，可以得出合作社具有下列特点：

第一，合作社是"人的联合"组织。合作社是建立在"平等"的"人"的基础上的，与强调"资合"的公司企业不同，合作社强调的是"人的联合"。关于"人"的界定，可以是自然人和组织体。以农民专业合作社为例，具有民事行为能力的农民可以为合作社成员，其他从事与农民专业合作社业务直接有关的生产经营活动的企业、事业单位或者社会组织也可以成为合作社成员。

第二，合作社是独立性的组织①。团体法规范的人的联合体具有两个特征：独立的组织性和以法律行为为基础。就独立性而言，合作社独立于政府部门和任何其他组织。合作社要与其他组织，包括与政府达成协议或从外部筹集资金，也必须以确保社员的民主管理和维护合作社自主权的方式进行。

第三，合作社是自治性的组织。合作社符合团体法的组织特征，以成员的意思自治及章程为存在基础。合作社是自愿的组织，对所有能利用其服务和愿意承

---

① 马跃进. 论合作社的法律属性［J］. 法学研究，2007（6）：33-45.

担社员义务的人开放，无性别、社会、种族、政治和宗教信仰的限制。社员根据自己生产经营活动的需要，自愿入会、自由退会，不受约束和限制。

第四，合作社实施民主管理和经济参与。合作社是由社员管理的、民主的组织，合作社的方针和重大事项由社员积极参与决定。在基层合作社，社员享有平等的投票权（一人一票），其他层次的合作社也要实行民主管理。合作社实施社员的经济参与。社员要公平地入股并民主管理合作社的资金。社员按照自愿互利、自主决策、民主管理的原则，依据共同利益制定章程，做到风险共担、利益共享。

第五，合作社以满足社员共同的经济和社会需求为目的。合作社是以"满足社员共同的经济和社会需求"为存在目的。合作社通过在地方的、全国的、区域的或世界的合作社间的合作，最有效地服务于社员和促进合作社发展，而且在满足社员需求的同时，也将推动所在社区的可持续发展。

二、农民专业合作社概念及法律特征

2017 年我国修订的《中华人民共和国农民专业合作社法》第 2 条规定，农民专业合作社，是指在农村家庭承包经营基础上，农产品的生产经营者或者农业生产经营服务的提供者、利用者，自愿联合、民主管理的互助性经济组织。

此项规定不仅在法律上为农民专业合作社确定了归属，也指出了满足农民专业合作社的几点要求：首先，农民专业合作社须以坚持家庭承包经营制度为前提条件，其运行以家庭承包经营为基础；其次，在主体方面，管理农民专业合作社的农民具有农村土地承包经营权；再次，农民专业合作社的成立目的是围绕农产品或服务来实现成员收益和利益，修订前的《农民专业合作社法》规定农民专业合作社只能基于"同类农产品或服务"而成立，修订后的法律规定更合理；最后，在性质上，农民专业合作社是自愿联合下的一种实行民主管理的互助性经济组织。

《中华人民共和国农民专业合作社法》以法律形式对农民专业合作社进行了界定和规范，其法律特征主要有三点。第一，以服务成员为宗旨。《农民专业合作社法》第三条指出，农民专业合作社应遵循以服务成员为宗旨，谋求全体成员共同利益的原则。因此，其成立就是为满足成员的期待利益，为成员服务是其根本的价值体现。第二，主体的农业相关性。农民专业合作社的成员是农产品的生产经营者或其经营服务的提供者、利用者，即要求主体具有农业相关性，从而整合资源，形成规模经营。第三，实行民主管理。《农民专业合作社法》第四章集中规定了组织机构、表决规则等程序性要求，成员享有平等的表决权、选举权、监督权，对农民专业合作社实行民主控制。

第二节　我国农民专业合作社法治化治理的发展历程

中国最早的合作社是 1918 年创立的北京大学消费合作社。但此后，中国的合作社立法目的更注重以促进农业和农村经济发展为目的。应当说，中国近代以来，合作社的法治化过程一直在持续，其间虽然经历了曲折、中断、回归，但是，随着中国农村经济的发展和合作社发展的需求，合作社法治化治理成为必然趋势。笔者将我国合作社发展历程按时间划分为三个阶段进行介绍。

一、中华人民共和国成立前

"五四"运动前后，受欧美和日本合作社思想影响，当时合作社的立法已被提上日程。时任国民党中央执委的戴季陶参考日本的《产业组合法》于 1920 年起草了《产业协作社法（草案）》及《产业协作社法（草案）说明书》，送交孙中山领导的南方革命政府审议，后因政局动荡被搁置。1923 年，北京政府农商部召集第一次全国实业会议，会上产生了"呈请政府制定各种农工合作社法律，吁请速定产业组合法，以维经济"的决议。因当时北京政府忙于镇压学生运动，无暇顾及这种经济改革方案，因此再一次搁置。

1927 年，南京国民政府成立后，把合作运动作为实施三民主义的重要措施，合作运动很快进入政府主导的全面推进阶段。中央政府号召各省市先行制定合作社暂行条例，在综合各地合作社实践经验之后，中央政府即行制定全国统一的合作社法。于是各省纷纷制定各自的合作社暂行条例。在各省合作运动和合作社立法的推动下，1932 年 11 月，国民政府立法院完成《合作社法（草案）》，送各合作团体、专家及各省市征求意见，1934 年 2 月，立法院正式通过《合作社法》，共计 9 章 76 条。1935 年，行政院通过了由实业部起草的《合作社法施行细则》。1935 年 9 月 1 日，《合作社法》及《合作社法施行细则》同时施行。至此，合作社立法在国民政府统治区域才实现了统一。此时出台《合作社法》，起因于解救和复兴中国农村、稳固政权的紧迫需要，同时也作为实现国家工业化目标的策略路径或必要步骤。这部《合作社法》以日本和德国《合作社法》为蓝本，是面向市场经济的合作社基本法，它的主要制度体现了国际合作社的准则。中国台湾地区现行《合作社法》就是沿用该法律文本基础上的修正文本。

在中国共产党领导的"革命根据地"，合作组织也被建立起来开展经济活动。1933 年江西瑞金成立全国合作总社，刘少奇同志任主席。中央工农民主政府先后颁布《劳动互助社组织纲要》《关于组织耕牛站的办法》和《关于组织耕牛合作社的训令》。为粉碎国民党的封锁和围剿，保证根据地的物质供给，共产党不仅在流通领域建立了各种合作社，在生产领域也广泛地建立互助合作组织。中央红军到达陕北后，中央国民经济部成立了合作社指导委员会（后改为合作指导局，归陕甘宁边区政府领导）和合作总社。同时，苏维埃中央政府西北办事处颁布《合作社发展大纲》。在苏维埃政府的高度重视和直接领导下，边区在国内革命战争时期已有的合作事业得到了迅速发展，各县都建立了边区消费合作社和乡支社。陕甘宁边区还产生了劳动互助合作社。解放战争时期，随着解放区的不断扩大和土地改革运动的展开，农业合作事业进一步发展，当时解放区各地政府均设置了合作社管理机构，共产党制定了"合作社新方针"，为中华人民共和国成立后合作社的发展确定目标。政务院规定了在税收、信贷、商品供应、物资运输等方面给予合作社优惠的政策。农业合作社在抗日根据地和解放区的兴起与发展，不仅在发展生产、保障供给上起到重要作用，而且为中华人民共和国成立后的农业合作事业发展积累了经验。

二、中华人民共和国成立后至改革开放前

中华人民共和国成立后至改革开放前，我国农业合作化运动经历了三个发展阶段。

第一阶段为互助合作阶段（1951~1953 年）。中华人民共和国成立之初，具

有临时宪法作用的《中国人民政治协商会议共同纲领》确定了合作社的法律地位及人民政府扶持合作社的政策。由于与苏联的密切联系，苏联农业合作化理论和实践成了中国执政者效法的目标。根据列宁的《论合作制》基本思想，在刘少奇同志直接领导下，由薄一波同志主持起草了《中华人民共和国合作社法（草案）》，1950 年中央将该草案发给各中央局、分局和各省市委员会征询意见，后因种种原因没有正式公告实施。

我国合作社的起源和土地制度有着极其密切的关系。1950 年 6 月 28 日，中央人民政府委员会第八次会议通过《中华人民共和国土地改革法》，6 月 30 日，中央人民政府公布施行，并在全国范围内迅速推行土地改革。这场土地改革使我国农村的土地占有状况发生根本改变，使全国 3 亿多无地、少地的农民无偿获得 4600 万公顷（约 7 亿亩）的土地和其他生产资料，在很大程度上解放了农村生产力，调动了广大农民的生产积极性。但这种农民土地的个人所有权并没有牢固地维持很久。土地改革后，农户之间因为生产能力的差异迅速出现了经济收入上的分化，即所谓新的"两极分化"。为了改变这种因为土地私有制引发的两极分化现象，1951 年 12 月，中共中央发布《关于农业生产互助合作的决议（草案）》，对互助合作的形式和内容作了全面规定，极大地推动了当时农村互助合作运动的发展。[①] 该决议草案的出台，标志着中国农业合作化运动正式起步。历史资料显示，互助组在这一阶段快速平稳地发展，对农业生产起到了积极作用。1950 年全国共有互助组 272.4 万个，1954 年增加到 993.1 万个；1950 年参加互助组的农户是 1131.3 万户，1954 年增加到 6847.8 万户；1950 年平均每组户数是 4.2 户，1954 年增加到 6.9 户。

当时我国的农业合作化运动出发点很好。最初，农村出现的互助组和初级合作社的合作方式一般多为按照自愿互利原则组建的，土地、农具和牲畜等生产资料依然属于农民私人所有。互助组的特点是农民只进行劳动上的互助，而土地是农民自己的。我国农民组建的临时互助组、常年互助组及土地合作社尽管在组织上存在许多问题，但从总体上看，它们是农民自愿组建的、农民自治的经济组织，符合合作社的本质要求，因而可以将它们视为中国农业合作社的雏形。

第二阶段为农业生产合作社阶段（1954～1957 年）。农业生产合作社经历了由低级到高级两种形式，即初级农业生产合作社和高级农业生产合作社，它们是

---

① 国家农业委员会办公厅. 农业集体化重要文件汇编（上）[M]. 北京：中共中央党校出版社，1981：39.

对农业进行社会主义改造的重要形式。初级农业生产合作社是以土地入股为重要特征的农业生产经济组织。1953 年 12 月，中共中央发布《关于发展农业生产合作社的决议》，1955 年 11 月，全国人民代表大会常务委员会通过了《农业生产合作社示范章程（草案）》，该草案在全国合作化运动高潮时期颁布，是指导建设"高级社"的法律文件。该示范章程第一条第一款规定："农业生产合作社是劳动农民的集体经济组织，它统一地使用社员的土地、耕畜、农具等主要生产资料，并且逐步地把这些生产资料公有化；它组织社员进行共同的劳动，统一地分配社员的共同的劳动成果。"示范章程第一条第一款还规定，发展农业生产合作社的目的是"发展社会主义农业经济，适应社会主义工业化的需要"。同时规定："高级农业生产合作社是劳动农民在共产党和人民政府的领导和帮助下，在自愿和互利的基础上组织起来的社会主义的集体经济组织。""农业生产合作社按照社会主义的原则，把社员私有的主要生产资料转为合作社集体所有，组织集体劳动，实行'各尽所能，按劳取酬'，不分男女老少，同工同酬。"

1956 年，全国农业生产合作社已达 100.8 万个，入社农户 10668 万户，占全国农户总数的 90%。1956 年夏季之后，高级社的发展步伐加快，原有的 10 万个小型初级农业生产合作社迅速进行了并社升级，转成高级农业生产合作社。原来还没有入社的少数个体农民，也很快参加了高级社。1956 年底，全国大多数省份已基本实现农业高级社化。在农业生产合作社阶段，我国政府领导农民组建了初级农业生产合作社与高级农业生产合作社，初级社已具有农村集体经济的性质。就高级农业生产合作社而言，其主要特征就是按劳付酬，土地和农具都不参与分配，由集体管理、集体使用，并以劳动力付出的劳动多少为最终分配的唯一标准。① 把农民私有的主要生产资料转为合作社集体所有，并实行集体劳动，因此高级社就是典型的农村集体经济组织。

第三阶段为人民公社阶段（1958~1984 年）。1958 年 4 月，中共中央政治局通过了《关于把小型的农业合作社适当地合并为大社的意见》，随后，并社并乡在全国各地铺展开来。1958 年 8 月 29 日，中共中央通过了《关于在农村建立人民公社问题的决议》（以下简称《决议》）。该《决议》指出："人民公社是我国社会主义社会结构的工农商学兵相结合的基层单位，同时又是社会主义政权组

---

① 国家农业委员会办公厅. 农业集体化重要文件汇编（上）[M]. 北京：中共中央党校出版社，1981：145.

织的基层单位。也可以预料，在将来的共产主义社会，人民公社将仍然是社会结构的基层单位。"从 1958 年夏季开始的农村人民公社化运动，只经过几个月时间，99%以上的农户就加入了人民公社，全国实现了人民公社化。人民公社是经政合一的组织，是我国当时社会的基层单位，显然不能称其为农业合作社。至于人民公社中的生产大队与生产小组，在性质上仍然是集体经济组织。

总之，中国农业合作化运动不仅是对农村生产经营组织制度的变革，更重要的是它还是对农业进行社会主义改造的手段，它的目的在于实现农村土地集体化与生产资料公有制，是中国政府为了加快积累和为实现国家工业化所必需的原始资本，而有计划地在农村实行高度组织化管理的制度措施。互助合作阶段的互助组和土地合作社可视为农业合作社雏形，但经过初级农业生产合作社及至高级农业生产合作社就变成了典型的集体经济组织，而人民公社则是工农商学兵相结合的基层政权组织，与合作社本质相去甚远。

三、改革开放后

20 世纪 80 年代初，中共中央宣布撤销"人民公社"体制、实行家庭联产承包责任制，在中国推行了 20 多年的合作化运动正式宣告结束，中国农村又恢复到小农经济状态。家庭联产承包责任制极大地解放了生产力，激发了农民的生产热情和积极性，农业生产得到空前发展。但随着社会主义市场经济的不断发展，个体农民亦被卷入商品生产的大潮，此时因市场信息不灵和小农的分散无序等原因，小农经济的局限性充分地暴露出来。势单力薄的"小农户"难以有效地参与市场竞争，在市场中普遍处于弱势地位，一家一户分散经营的"小农户"与"大市场"之间产生了矛盾与不和谐，于是出现了组建合作组织的需要。

我国最早的现代农业合作社出现在山西。1994 年，在山西省领导和中央有关部门的支持下，分别在定襄、万荣等县，以日本农协为榜样，开展合作社试验。其中，歧县在 4 个乡镇建立了果业组合，在 3 个乡镇建立了奶业组合，并在县级建立了联合会。万荣县则以供销社为母体，建立了 4 个独立于供销社的农业合作社，通过供销社渠道，为农民提供农产品加工和销售服务。同样是 1994 年，山东省莱阳市的有关领导，在与日商洽谈农产品加工、出口项目的时候，受日商的启发，开始倡导组建农业合作社。1995 年，莱阳市照旺庄镇祝家疃办起了王宇敏蔬菜供销合作社。随后，照旺庄镇的镇办企业宏达食品有限公司，为了加强原料收购，降低运作成本，也从原来的"公司+农户"模式转向"公司+合作社+农户"模式，联合当地20个乡镇，100多个村，283户农民，成立了莱阳市宏达果蔬加工合作社。继山东莱阳之后，山东的宁津、泰安，河北的邯郸，北京郊区的顺义、房山等地，相继办起了一批农业合作社。但这种"合作社"容易让人产生误解，许多人对改革开放前的那一段合作社的岁月仍然记忆犹新，这种记忆很可能使人本能地对此持反感的态度，因此新成立的合作组织多不叫"合作社"，而称"农民专业协会"。20世纪80年代至90年代中期，我国合作社以专业技术协会主导，以技术服务为主；20世纪90年代中期后，伴随农业产业化发展，实体型组织逐渐发展，进入多种组织形式探索的阶段。

为了适应合作经济组织的蓬勃发展，在一些合作性质组织活跃的地区出台相关的地方性规范文件，如浙江省出台的《浙江省农民专业合作社条例》《浙江省农民专业合作社示范章程》、新疆维吾尔自治区出台的《新疆维吾尔自治区供销合作社条例》等。中共中央多次在文件中强调合作社在建设社会主义新农村中的重大意义。中共中央在1984年1月1日发布的《关于一九八四年农村工作的通知》中明确指出："农民可不受地区限制，自愿参加或组成不同形式、不同规模的各种专业合作经济组织。"1985年1月1日，中共中央、国务院在《关于进一步活跃农村经济的十项政策》中又一次指出："农村一切加工、供销、科技等服务性事业，要国家、集体、个人一齐上，特别要支持以合作形式兴办。"在党的十六届三中全会通过的《中共中央关于完善社会主义市场经济体制若干问题的决定》明确指出："支持农民按照自愿、民主的原则，发展多种形式的农村专业合作组织。""积极建立新型农村合作医疗制度。"2004年党中央的一号文件《关于促进农民增加收入若干政策的意见》指出："（六）……积极发挥农业科技示范场、科技园区、龙头企业和农民专业合作组织在农业科技推广中的作用。……（十二）培育农产品营销主体。鼓励发展各类农产品专业合作组织……积极推进有关农民专业合作组织的立法工作。…… 有关金融机构支持农民专业合作组织建设标准化生产基地、兴办仓储设施和加工企业、购置农产品运销设备……"农业部也针对各地情况印发《农民专业合作经济组织示范章程（试行）》。

但是直到2006年，还没有一部关于合作社的国家立法，统一立法的缺位严重制约合作经济组织的存在和发展，存在以下弊端：其一，合作社的主体地位、法律属性不明确且缺乏统一的设立原则和标准。实践中不能登记或登记混乱，经济地位不稳定，难以以独立的市场主体资格从事经营活动，其正当权益也无法通过法律程序有效获得救济。其二，内部治理不规范。由于没有基本的法律规范，许多合作组织内部运行机制不健全，处于松散状态，稳定性较差，民主机制很难有效运作。其三，政府与合作社的关系没有理顺。各级政府很难摆正在合作社的建立和发展中的地位和作用，地方政府的指导缺位与越位等存在不同程度的问题。

一部符合合作社基本原则，符合我国国情，有利于我国合作社制度建设的法律出台势在必行。2003年12月，第十届全国人民代表大会常务委员会制定"五年立法规划"，第一个立法项目即为"农民合作经济组织法"，并明确该法的提请审议与起草单位是全国人民代表大会农业和农村委员会。全国人民代表大会农业和农村委员会从2003年12月开始，便积极组织中央有关部门、专家学者开展调研论证与起草工作。2004年末形成了《农民合作经济组织法立法专题研究报告》，为《农民专业合作经济组织法》的起草奠定了基础。2005年12月31日中共中央、国务院发布《关于推进社会主义新农村建设的若干意见》（即2006年中央1号文件），进一步明确要求："积极引导和支持农民发展各类专业合作经济组织，加快立法进程，加大扶持力度，建立有利于农民合作经济发展的信贷、财税和登记等制度。"2006年6月，全国人民代表大会农业和农村委员会向第十届全国人民代表大会常务委员会第22次会议提出了提请审议《农民专业合作经济组织法（草案）》的议案。2006年8月，全国人民代表大会农业和农村委员会再次向第十届全国人民代表大会常务委员会第23次会议提请审议《农民专业合作经济组织法（草案）》的议案，在该次审议中，《农民专业合作经济组织法（草案）》被改为《农民专业合作社法（草案）》。2006年10月，《中华人民共和国农民专业合作社法》终于通过并公告实施。

该法实施后，农业部发布《农民专业合作社示范章程》，配合有关部门起草制定《农民专业合作社登记管理条例》和《农民专业合作社财务会计制度（试行）》等相关配套法规。为落实法律规定的各项扶持政策，农业部配合有关部门研究起草了促进农民专业合作社发展的有关税收优惠政策。法律颁布实施以来，各省市相继颁布实施《农民专业合作社法》的实施办法，内容涉及财政、税收、登记、建设项目、科技、人才、信贷、保险等各个方面。经过十几年的运行实践，立法部门总结了农民专业合作社法运行过程中存在的一些问题，经过充分的调研和研究，2017年底，《农民专业合作社法》进行了比较大的修改，农民专业合作社的法治化治理进一步得到提升。

第三节　农民专业合作社治理概述

我国《农民专业合作社法》的颁布和修改促进了我国农民专业合作社的迅速发展，也促使农民合作社治理逐渐走向法治化的轨道。作为一个典型的经济组织，农民专业合作社治理的制度安排要协调好经济组织内部成员之间以及成员与组织之间的关系；同时还要安排好经济组织与所有的利益相关者之间的外部关系。本书的重点将探讨农民专业合作社内部治理问题。

一、农民专业合作社治理的概念

治理，即统治、管理。在《现代汉语词典》中，"治理"有两种解释：①统治；管理：治理国家。②处理；整修：治理淮河。然而在法语中，Gouverne（引导、指导）、Gouvernement（统治、政府）和 Gouvernance（治理）三个词语在最初具有同样的词源，表示主导、主管、驾驭某事物。船舵（Gouvernail）是其原始意义，之后引申出内涵丰富的喻意。后来，Gouvernement 的理念逐渐确立起来，它逐渐只代表一种含义：统治的思想与等级化的权力、垂直和自上而下的指挥关系，以及以整齐划一的方式推行的意志等概念联系在一起，与对国家整体性的思考紧密相关①。因此，关于"治理"的解释中，大多数都是强调不平等主体之间的上下指挥管理的关系。

合作社的治理是用来协调在合作社中有利害关系的不同主体之间的关系，并实现各自的经济利益的制度安排②。就农民专业合作社服务宗旨而言，其根本目的在于维护、实现好成员的根本利益。因此，农民专业合作社内部治理的方向也是为成员利益服务。通过成员间的自愿结合，减少个体在大市场环境下的薄弱局

① 让-皮埃尔·戈丹. 何谓治理［M］. 钟震宇译. 北京：社会科学文献出版社，2010：14.
② 徐旭初. 中国农民专业合作经济组织的制度安排［M］. 北京：经济科学出版社，2005：16.

面，从而提高其在市场经济中的博弈能力。就具体制度安排，合作社应当参照法人治理的一般规则，内部设立意思机关、执行机关、监督机关。在合作社治理过程中，应当尤其避免发生像公司那样的"董事会中心主义"，坚持"成员大会中心主义"。因此，合作社的内部治理是本书研究的重点。

二、我国农民专业合作社法治化治理的现实意义

当今社会，规范我国农民专业合作社有序发展，实现其法治化治理具有重要的现实意义。

首先，法治化治理的合作社有利于实现维护成员利益的经济目标。在科技迅速发展的今天，机械化、规模化的生产作业兴起。因此，农产品的质量和产量对技术的依赖程度逐渐提高。农民专业合作社通过推广先进的农业生产技术，提高农产品的利用效率，提升农产品的品质，从而在市场经济的环境下占据有利局势，弥补家庭经营规模小、能力弱、成本高的弊端，以此对抗市场风险的可能损失。如果农民专业合作社运营不规范、不合法、不民主，个体农民将可能被迫放弃农民专业合作社这一形式，这将不能有效地发挥这一主体形式应有的对经济发展的积极作用。

其次，法治化治理的合作社有助于培育成员的民主及合作精神。农民专业合作社是实行民主管理的互助性经济组织，其设立可以更好地推动成员自由表达意愿，实行民主管理和监督。成员在章程的规范下，充分参与各项制度的制定和调整，以便综合各种意愿诉求，即"民办、民管、民受益"，有效化解矛盾冲突，推动农村综合改革。因此，实现农民专业合作社内部的法治化治理，对于实现社会主义核心价值观之民主价值具有微观意义。

最后，法治化治理的合作社能更好地定位政府与合作社的关系。农民专业合作社作为一个平台加深了政府与农民之间的联系。在国家政策的指引下，农民有了较为安全可靠的屏障，以便适应激烈的市场环境。同时，政府履行职能、落实政策也有了更好的途径和参照，从而充分了解和反映农民的意愿和诉求。法治化治理的合作社反映的是农民的总体意志，而不是个别理事的意愿；政府能根据合作社的发展，提供更好的政策服务于合作社。同时，通过成员章程自治和法律规定，政府也不必过多干预合作社的发展。这样，政府与合作社的关系必须走向法治化的轨道上来。

第 二 章
农民专业合作社法治化治理域外考察

从 1844 年在罗虚代尔成立的首个合作社——罗虚代尔公平先锋社，农民合作社在国外已有 100 多年的发展历史。19 世纪末 20 世纪初至第二次世界大战期间，农民联合起来成立合作社以抗争巨大的工商业垄断组织。第二次世界大战后，合作运动成为全球性浪潮。20 世纪后期以来，合作社发展出现了一些新的特点，如经营目的向营利性转变，一些合作社发展呈现公司化趋势，美国出现了"股份合作社"；美欧合作社出现大型化趋势，数量上不断减少，规模越来越大；社会化程度加大，合作社外聘企业家及专业管理人才以满足对资金和人才的需求。本章通过探讨欧美、亚洲及世界范围内农业合作社法治化治理的状况，为完善我国农民专业合作社治理提供借鉴①。

第一节　欧美国家农业合作社法治化治理状况

一、英国

作为世界上第一个成功的合作社诞生地以及国际合作者联盟的所在国——英国现代合作社尤其农村社会合作社的发展并不引人注目，其发展并没有可圈可点

---

① 本部分参考以下书目：吕青芹等. 国外的农业合作社 [M]. 北京：中国社会出版社，2006；白立忱. 外国农业合作社 [M]. 北京：中国社会出版社，2006；米新丽等. 我国农业合作社法律问题研究 [M]. 北京：对外经济贸易大学出版社，2013；蒋颖. 中国农村合作社法律制度发展研究 [M]. 北京：中国农业科学技术出版社，2009.

之处，我们所能看到的资料也不如其他欧洲国家丰富。尽管如此，英国在合作社发展历史上却具有独一无二的地位。

世界上第一个合作社——罗虚代尔公平先锋社诞生于 1844 年英国罗虚代尔镇。当时正值英国工业革命时期，不少农民失去土地后到城市打工，生活十分艰难，不仅要受到工厂主的剥削，还要遭受商业资本家的盘剥，生活状况日益恶化。为了改变自己的处境，以霍华士为首的 13 个工人在当时英国的纺织工业中心曼彻斯特附近的罗虚代尔镇组建旨在解决生活困难的消费合作社——罗虚代尔公平先锋社。1844 年 8 月 11 日举行成立大会，通过合作社章程，1844 年 10 月 24 日核准登记，12 月 21 日正式开始营业。合作社成立之初，只有 28 名社员，每人出 1 英镑股金，统一为大家采购面包、黄油等生活必需品。发展到 1870 年，股金已达 5500 英镑，贸易额达到 223000 英镑，为改善社员生活条件发挥了很大作用。罗虚代尔公平先锋社之所以成为合作社的典范，主要来自它所创立的罗虚代尔原则：①入社自由原则，任何人只要承认合作社章程，履行社员义务，都能加入合作社，同时享有退社的自由；②民主管理原则，社员表决权一律平等，不因出资多少而有差异；③收益分享原则，合作社盈余按社员向合作社购买额多寡分配；④重视教育原则，合作社盈余中提取 2.5%作为社员教育经费；⑤恪守中立原则，对于政治宗教，保持中立地位；⑥遵守公平交易，保质保量原则。这些原则后来被各国合作社所采纳，形成了国际公认的合作社原则，尽管这些原则在后来的发展中被多次修改和调整，但其基本精神始终坚持下来。

英国现代合作社最先源起于英伦三岛，合作社立法也首先发生在那里。1852 年 3 月，英国国会通过了《工业及互助协会法》，合作社从此取得合法地位并享有法人资格。自 1862 年起，此法经过了十多次修订依然保持法律效力，对于合作社的发展起到了极大的促进作用。1895 年在英国伦敦成立了一个非官方的合作社的国际组织"国际合作社联盟"。联盟对于推动世界各国合作社运动，统一协调各国合作社工作者的认识和行动，起到了巨大的作用。

二、法国

法国在欧洲是一个农业大国，是仅次于美国的世界第二大农产品净出口大国和第一大食品加工出口国，但在 20 世纪 70 年代前却是一个农产品及食品净进口国。法国农业快速发展的内部动因源于鼓励、支持农业合作社发展，不断进行农业生产和经营组织的创新。

法国农业合作社具有悠久的历史和良好的发展基础，其起源于 19 世纪上半叶。1884 年，法国颁布《职业组合法》，农民依托这个法律形成了许多农业职业组合，实际上就是一种农民之间互相帮助的互助合作组织，成为现代农业合作社的雏形。到第二次世界大战前夕，法国农业合作组织已经成为法国农业生产的主要组织形式，并且出现了专门从事葡萄生产、粮食生产的专业合作社。第二次世界大战以后，以服务性合作社为主的农业合作社得到迅速发展，并逐步壮大。20 世纪 50 年代以来，随着商品经济的发展，合作社的发展进入了高峰期，从那时起，合作经济就成为法国农业的主要经济形式。合作社从农产品的收购到加工、出口，已经形成了国内外产供销一体化的大网络，有的合作社还和欧洲其他国家的合作社结成了大型跨国公司。法国农业合作社的专业化程度高，有供货合作社、收购合作社、加工合作社等。法国也有农业协会，是一个农业职业性机构。它以保护法国农民的利益为目的来干预政府（主要是农业部）、议会及其他行政机构的各种政府行为，并代表法国省级和大区级农会在欧盟委员会占有一席之地。

在法国，成立合作社不仅需要由民事法庭管辖，还要经过行政当局根据法定程序审批。法国的《农业合作社公司》法律规定，农业合作社公司以及农业合作社公司联盟，是特殊种类的公司，既不同于民间团体，也不同于商业性公司；农业合作社具有法人资格且有充分享受和执行法定权利的能力。与一般公司不同，农业合作社或农业合作联社的资本必须为可变动资本。所谓可变动资本公司，即其社员可以随时退出，但合作社对这种权利的行使可以进行限制。

尽管法国的合作社组织极为发达，但法国没有制定统一的合作社法，有关合作社的一般规范主要规定于商法和团体法中。考虑到一些专业合作社各有其特殊性，尤其针对农业合作社，法国制定了一些专业合作社法，如农业合作社法、信用合作社法和农业保险合作社法。

三、德国

德国的农民公社兴盛于原始社会解体的 5~8 世纪，一般是由同一血缘、同一氏族的人所组建，实行生产资料公有制，共同讨论决定公社事务。之后封建制度渐渐取代了农民公社，但具有公社性质的一些村社组织在德国留存下来。到了19世纪，随着资本主义在德国的兴起，促进了社会生产力的发展，但是也引起了社会各个阶层之间的紧张关系，社会主义思潮在这种情况下应运而生，德国合作运动也在这个时候兴起。

在德国合作社发展史上最著名的代表人物是赖夫艾森（Raiffeisen），他被认为是德国合作社的创始人。1846年，这位富有博爱思想的合作社事业家，作为当时的临时镇长，在德国小镇维耶布什创办"面包协会"，组织当地农民建立劳动共同体，共同战胜困难、抵抗饥饿。

德国第一个真正具有现代意义的农业合作社是1862年成立的"信贷联社"。该"信贷联社"向社员提供小额信贷，代购种子和农具，代销产品，是由农民和贫民联合组成以互济有无或共同向外贷款为服务方式的信用合作社，是一种将合作经营、信用关系和相互承担责任的思想紧密联系在一起的综合性合作经济组织。从此，德国的农业合作社纷纷建立起来，到赖夫艾森去世时，有423个"赖夫艾森式"合作社。1872年，赖夫艾森建立一家由7家信贷协会组成的"莱茵农业合作银行"，实现小合作社的联合。1876年，德国农业中央银行成立，这家银行采用股份制的形式，但仍具有很高的合作社特征，成为德国合作社的又一大发展。1914年第一次世界大战爆发前，德国合作社和社员数量都取得了跳跃式的发展。合作社总数达到34568个，其中信贷合作社约19000个，所占比重最大，同时地区联社也不断发展。在第一次世界大战期间，正是由于农业合作社的参与，使食品问题得到解决。

1926年，在德国国会的干预下，赖夫艾森和哈斯两个德国最大的农村合作经济组织开始实施合并，到1930年成立"德国农业合作社赖夫艾森国家联盟"，是当时世界上最大的合作社联盟。1930年以后，纳粹逐渐执政。在农业合作社领域，国家的意志高于合作社的意志，民主自愿的原则不再适用，其成为了政府筹集战争物资的工具。第二次世界大战战败后，由于德国被分为4个占领区，统一的合作社联盟被分裂开来。第二次世界大战后，合作社由基层联合开始，逐渐重建。1948年，整个联邦德国建立起统一的"德国赖夫艾森联盟"，这个国家级联盟共有6个业务机构，负责商品经营的各个领域。从1970年到20世纪90年代后期，农业合作社的各种业务中心、基层合作社都取得了长足的进步。1997年，牛奶合作社达到502个，水果和蔬菜合作社146个，葡萄合作社282个，牲畜和肉类合作社 135 个。合作社的牛奶供给占全国的 83% 以上，谷物销售占 44%，肥料购买占 60%，种子购买占 40%，饲料购买占 35%。

德国是第二个制定合作社法的国家。1867 年普鲁士王国颁布《关于经营和经济合作社私法地位法》，该法于 4 年之后成为统一的德意志帝国的合作社法。当时，政府并不提倡建立合作社，相反，政府当局以怀疑的态度注视着这些由自由公民建立起来的组织。该法只允许建立基层合作社，合作社之间不能结盟，并且合作社只有同意承担无限责任才被允许经营。1889 年，德国修订合作社法，修订后的合作社法允许合作社建立地区性和全国性联合会或联盟，并且合作社社员承担有限责任。合作社法还规定合作社必须参加审计协会，接受审计协会的定期审计监督。合作社法列举的合作社类型有信贷合作社、供销合作社、生产合作社、消费合作社、农业服务合作社及住房合作社。1974 年，德国又一次修订合作社法。新条款规定合作社可以选择有限责任、无限责任或保证责任三种责任形式，确保了合作社具有更多的自主权。1983 年，德国颁布《联邦德国赢利合作社和经济合作社法》，规定注册合作社作为法人独自拥有其权利和义务，可以购买财产和地产的其他物权；合作社作为商人在商法典中意义相同。2001 年颁布的《德国经营及经济合作社法》则规定注册合作社拥有独立的权利和义务，可以获得土地所有权和其他物权，可以在法院起诉和应诉。

四、荷兰

荷兰的国土面积小，国内市场、原料资源有限，但良好的外部环境为其农业产品出口提供便利。19 世纪下半叶，受美国、俄国廉价粮食涌入荷兰的影响，荷兰农业遭受重创，为抵御市场风险，弥补单个农民经营难的现状，荷兰合作社发展起来。

与中国农民专业合作社相比，荷兰合作社运营的最大特点在于现代化、集约化和外向型程度高，产品通过加工增值出口，如荷兰合作社投资建立的 Aalsmeer 花卉拍卖市场，每日拍卖花卉的 80% 销往国外。同时，为适应市场经济的变化，荷兰合作社采取丰富的组织形式，如杜梅可肉类生产合作社采取合作社与私人联合，合作社控股的方式；Friesland Dairy Foods 采取内部股份制，股份转让只能在社员间进行。另外，荷兰合作社的成立不需要经过政府审批，仅商业登记即可，成立合作社没有最低资本要求，也没有资本维持要求，社员可以向合作社出资，合作社也可提供借贷。

五、美国

美国的农业合作社也被称为农场主合作社，即以家庭农场作为基本的生产单位，为美国的粮食储备、对外出口提供重要支撑，成为农业发展的一个重要的经济实体。大体来看，美国农业合作社分为六个发展阶段：

第一阶段（1810~1870 年）为初创试验阶段。美国独立战争结束，移民涌向西部从事耕种，农场数目增加，农业生产迅速，由于家庭农场服务有限，出现了农业合作社经营的需要。当时出现的典型合作社主要有：1810 年，康涅狄格州成立乳品合作社，到 1867 年乳品合作社发展到约 400 个；1857 年，威斯康星州成立 DANE 农场主保护协会（谷物合作社）；1863 年，纽约州的瑞沃海德成立农场主购买协会。合作社成立之初，被法律视为合作企业或公司。1865 年，密歇根州通过认可合作社购销方式的方案；1866~1870 年，通过有关合作社的早期立法。

第二阶段（1870~1890 年）为迅速扩大阶段。"格兰其"（农业保护者协会）和"农场主联盟"建立。1873~1874 年，由于格兰其的推动，出现大量的合作商店、保险公司等。1874 年颁布《全国格兰其宣言》，中西部出现独立的农民政党。1886 年，农场主联盟召开全国大会，主张扩大合作社的法律权利。

第三阶段（1890~1920 年）为全国形成合作社网络发展阶段。地方性合作社组织普遍建立，合作社数目达到 1.4 万个。1902 年，"全国农场主协会"在得克萨斯州成立；同年，美国公平合作社在印第安纳州成立。1910 年，果菜行业中最早的加州行人生产者合作社成立。1916 年联邦税法第一次提出豁免仅为销售其社员的农产品而组织的农场主合作社、水果生产者协会及类似组织的税收。

第四阶段（1920~1933 年）为合作社有序销售阶段。在这个阶段，美国农业衰退，合作社经济价值凸显。1911 年，纽约州宾汉顿商会成立一个农场局，1920 年成立"美国农场局联盟"，1921 年初，该联盟成立全国性的谷物合作销售组织。该时期，农用品经营合作社成立。1922 年，《卡帕—沃尔斯坦德法》被称作"合作社大宪章"；1926 年，国会颁布合作社销售法，农业合作社理论不断深化。

第五阶段（1933~1945年）为持续发展阶段。在这一时期，美国合作社数量减少，但营业额和社员人数持续增加，合作社经营的商业性原则得到承认。1934年，得克萨斯州成立第一个棉籽加工合作社；1938年，新泽西成立第一个人工授精合作社；1940年，堪萨斯出现第一个合作社炼油厂。1933年，国会通过"农场信贷法"，12个地区性合作社银行和一个中央银行建立。1936年颁布《罗宾逊—帕特曼法案》。这一阶段加强对管理人员的培训，激励机制逐渐完善，会计、审计制度建立健全。

第六阶段（1945年至今）为适应调整阶段。第二次世界大战后，农业合作社加强"垂直一体化"发展，转向质量型、内涵式的发展轨道，业务范围扩大到国外。乳品、谷物、果菜销售和农用品供应领域，合作社合并势头和大型化的趋势尤为明显。1951年，税法规定减免税的条件。1965年，农业部出台《农场主合作社管理局》；《1971年农业信贷法》规定向合作社银行借款的合作社资格。

由上可知，美国农业合作社经历了农场主合作社、农场主联盟、农场局联盟的发展历程，在这当中，法律的保障和政府的支持对合作社的发展至关重要。除了合作社立法不断健全，税法、信贷法的相继出台也为合作社提供更多的优惠与便利，如合作社银行的建立。在美国农业合作社内部治理结构方面，遵循合作社章程，有完备的内部组织机构，规定一人一票原则。在2003年5月，明尼苏达州的合作社法律规定，允许惠顾类社员和投资社员的存在。惠顾类社员对收益的财产权利一般不低于60%，如社员同意可以更低但不得低于15%，无论社员的投资是否超过15%，惠顾社员在董事会的投票权至少为50%，并且可以提高该比例。如今，美国新一代合作社强调附加值，旨在提高合作社的运作效率。

第二节　亚洲国家或地区农业合作社法治化治理状况

亚洲的第一部合作社法是1900年日本的《产业组合法》，接下来是在印度的英国人于1904年制定的《印度合作社法》。由于英国殖民统治的缘故，当时这部合作社法的作用和影响远远比不上在欧美国家的合作社法。亚洲各国及地区的合作社法长期存在一个共同特点，那就是具有浓厚的行政法色彩，从而使合作社法变成政府过度约束合作社的工具，甚至政府完全控制了合作社，把合作社塑造成政社合一的机构，成为束缚、榨取农民，推行工农业产品价格剪刀差政策的工具。由此普遍带来的恶果是，合作社因不能给社员带来任何经济好处而毫无吸引力，反而备受反感和唾弃，最终集体消亡。

国际合作社联盟非常关注亚洲国家合作社立法和实践中出现的扭曲问题，并且很早就对亚洲各国政府提出中肯的批评。前国际合作社联盟主席毛里茨•博诺博士在1971年2月论述合作社法议题时讲道："在合作社进程中，亚洲许多国家的合作社已失去了它的民主特性。在合作社的主创性和民主性将要受到破坏的地方，若要永远保持这种规定安排，那么就是把首饰盒误认为珍宝。从根本上说，合作社是一个决心进步国家人民的生命力。立法，特别是合作社立法，应当提供一个框架，在其中，人民渴望变化的能力得到增强。如果立法的最后结果是阻挠这种趋势，那么，你们所做的是使事情变得更糟，而不是更好。"

一、以色列

1948年以色列建国，国土面积约2.5万平方千米，在这之中将近60%的面积是沙漠，一半地区的年平均降雨量约200毫米。以色列分为十个农业区，全国耕地面积约占国土总面积的19%，农业人口约占总人口的6%，人均耕地0.88亩。有限的可耕地面积和匮乏的水资源，使以色列的自然环境不容乐观，因此，以色列结合国情，走现代农业发展的新路子。"合作社创造了以色列国"形象地描述了合作社在以色列的地位，其中两种合作组织成为以色列农业合作社的标志。

（一）基布兹（Kibbutz）

基布兹是一种集体经济组织，较类似于俄国的集体农庄，其实行生产资料公有。社员间互相合作、按需分配、集体生活。在266个基布兹内，Yovata和Hatzerim是其中两个基布兹。Yovata建立于1946年，当时是从英国殖民者手中购得的土地，目前该基布兹共200户，约500人口。Hatzerim地处以色列西部沿海，条件较好，相对发达。两个基布兹具有几点共同之处：首先，其实行公有制。基布兹的土地向政府租赁，租赁期限为 99 年，各种公共设施的建设都由基布兹统一规划、运作和管理。因此社员在这当中的收益大多数归基布兹所有，只有少部分归个人使用。其次，社员共同劳动，实行平均分配主义。除了农业生产，基布兹还会通过投资设厂来获取利润。社员平等地获得报酬，并根据自身需要，免费享受"从摇篮到坟墓"的全部服务。最后，基布兹实行民主管理，社员享有退社自由的权利。基布兹的最高权力机关是社员大会，每月召开一次，社员有一人一票表决权，发展规划、预算决算等事项需经社员大会讨论决定，日常具体事务则由专业委员会、理事会和运营官、秘书处负责。基布兹社员享有退社自由，但只能带走自身私人物品。

（二）莫沙夫（Mashav）

莫沙夫由基布兹演变而来，以家庭为基本生产经营单位，生产资料都归农户所有，较类似我国的农民专业合作社。莫沙夫从国家租用耕地然后转租给家庭农户。在 451 个莫沙夫中，农民总数约占以色列总人口的 3.4%。Lahishi 和 Yisha 是其中两个莫沙夫。Lahishi 莫沙夫的葡萄种植面积达到 900 亩，其在生产领域，有着规范的步骤运作和抗风险能力。在产前，Lahishi 根据下一年度市场需求量的预测结果，拟定生产量，制定单位种植面积配额，防止不规范的种植所引发的市场价格风险；在产中，将种植技术在社员内部共享，提供滴灌、防护病虫生物等技术的指导；在产后，对葡萄进行统一收购和检测，分类、包装合格葡萄并销往国内国际市场。除此之外，Lahishi 还兴建了冷藏库，兴办葡萄干加工厂，农民取得的收入是终端市场零售价的 60%，相比之下，我国仅达 20%，多数利润被中间商收入囊中。Yisha 莫沙夫土地贫瘠、沙化严重，但日照充足。独特的自然资源，使合作社因地制宜，种植花卉和草莓。其将欧洲市场作为出口对象，适时调整花卉品种满足市场需求。自 2008 年开始，种植草莓采用滴灌技术和悬挂式无土种植技术，草莓产量可达到地面种植的 2 倍，并且不易产生霉菌，同时方便人工采摘。

以色列在发展农业方面主要有以下几个特点：第一，注重创新，重视科技在农业生产中的应用。以色列在现有的环境因素下，因地制宜，开拓创新，相关技术的发展极大提高了农产品的产量和数量。通过政府、科研机构、合作经济组织三位一体，合作社巩固了其在市场竞争中的地位。第二，农业集约化程度高，经营方式灵活。以色列的农业用地实行租用制，政府或农业合作社实行统一的管理和分配。各种经济体制各有所长，以色列的农业发展模式灵活多样。第三，注重国际交流，生产与国际接轨的农产品。以色列适时分析国际形势，研究出口对象的需求，及时完善出口产品的特色和质量要求，从而在国际竞争中立于特色产业主导地位。

以色列的自然条件类似于我国西北地区，水资源同样缺乏，沙漠面积比重较大。因此，以色列农业合作社治理对于更好地探索我国农民专业合作社具有很好的参考价值：①农业合作社必须坚持市场为导向。在市场经济环境下，农业合作社须抓紧市场这只"牛鼻子"，围绕市场需求进行生产，避免盲从和资源浪费。②延伸产业链条，提升产加销的水平和能力。农业合作社应加强联合，集生产、加工、储藏、销售为一体，提高农产品的附加值，增加农民的利益。除此之外，注重合作社的综合服务能力，避免其组织功能的单一性。③不断深化改革，坚持"民建、民管、民享"。在政府的细致指导和法律保障下，农业合作社实行民主管理，提高农民的生产积极性。

二、日本

日本农业合作社即农协，成立于 1947 年，具有完善的组织结构和形式职能，农协依照一定的行政等级分为三个层级。日本农协对政府的依赖程度高，如日本制定的《农业协同组合法》对于保障农协权益起到重要的作用；政府对农协实行"低税制，高补贴"，较为全面地扶持农协发展。农协的三个层级如图 2-1 所示，长野县佐久浅间农协的组织结构如图 2-2 所示。

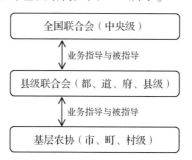

图 2-1　农协的三层级

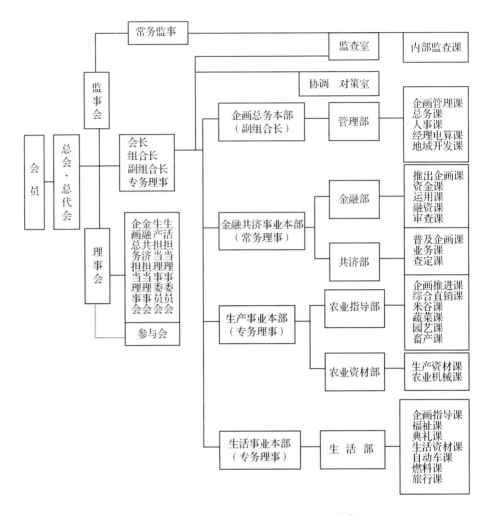

图2-2　长野县佐久浅间农协的组织结构①

日本与中国同为亚洲国家，农民专业合作社治理方面具有共通性和相似性，两者都是在遵循农业合作社的若干原则基础上建立并发展，但依据国情，两者又有所不同。学习日本农业合作社的先进经验，对于完善我国农民专业合作社治理有很好的借鉴意义。在中国有《农民专业合作社法》，日本有《农业协同组合法》，两者的一些规定有很大的相似性：①成员享有"一人一票制"。中国颁布

---

① 2007年3月和12月，中国社科院社会政策研究中心组团两次出访日本，专题考察日本农协，访农林中央金库、日本"全国农业者农政运动组织联盟"（简称全国农政连）、九州八女市、久留米市、福岗市、千叶县富里市、长野县佐久浅间市的农协机构及相关大学、研究机构的专家学者。

的《农民专业合作社法》第十七条和日本《农协法》第 16 条皆规定了农民专业合作社成员大会的选举和表决，实行一人一票制，成员享有一票的基本表决权。②都依据利用量多少向成员进行分配。《农民专业合作社法》第三十七条规定在弥补亏损、提取公积金后的当年盈余，为农民专业合作社的可分配盈余。可分配盈余按照下列规定返还或者分配给成员，具体分配办法按照章程规定或者经成员大会决议确定：按成员与本社的交易量（额）比例返还，返还总额不得低于可分配盈余的 60%；按前项规定返还后的剩余部分，以成员账户中记载的出资额和公积金份额以及本社接受国家财政直接补助和他人捐赠形成的财产平均量化到成员的份额，按比例分配给本社成员。《农协法》第 52 条规定，可分配不超过出资额的 8%。③成员享有入社和退社的自由。《农民专业合作社法》第三条第一款第五项和《农协法》第 20 条和第 21 条皆有对此项的规定。

两国农业合作社在一些方面又有不同之处：第一，日本农协的共同购买、共同销售事业注重规模效益。日本重视基层农协及农协联合会的购买和销售能力，通过最低的组织成本吸引小农户参与购买，从而扩大采购批量，降低产品价格。在销售环节，日本集合对产品的分级分等销售，以获得更好的销售价格，在市场谈判中占据有利形势。我国农民专业合作社注重技术因素在项目中的作用。比如果树、花卉等种植要求较高的技术能力，对肥料、饲料等则很少联合购买。在销售方面，我国农民专业合作社大部分限于乡村范围，其信息采集能力、市场分析能力不深入，销售难的问题时有存在。第二，日本农协有着全方位的技术指导业务，除了统一采购和销售业务，还包括合作金融业务、保险业务等，此外还注重医疗设施、养老保险、福利服务等社会职能的履行。我国的村民委员会着重承担其社会功能，不同于农业经济组织。随着村委会的社会组织功能有所缺失，我国积极探索建立新型的社会组织以适应农民的需要。第三，日本的层级组织是一种自下而上的组织分工结构，其依据农民的需要，自下而上分解形成，充分发挥基层组织和上层机构的各自优势，形成农协的集团性生产力。我国的农民组织缺失上层结构，农村专业协会从村级发展，缺少来自基层的动力，上层组织不易建构。

日本农协在三方面对于中国农民专业合作社治理有着重要启示：第一，加大法律保障力度。日本关于保障农协的法律相当完善。自 1900 年开始，日本先后出台了《产业组合法》《农业协同组合法》《农林渔业组合再建整备法》《农业基本法》和《农协合并成法》五部法律。这些法律的颁布，对于规范农协活动有着重要影响。在不同的发展阶段，给予农协相应的支持与指导。我国也应更好地完善《农民专业合作社法》等相关的法律法规及配套措施，从法律层面切实维护农民利益。第二，拓展服务功能范围。日本逐渐发展形成的综合性农协，集多种功能于一身。农协的基本方向保持一致，但具体做法和组织机构不尽相同，功能依据各地实际情况和农民需要设置。我国可以参考日本农协的联合社模式，建构省级甚至中央级的农民专业合作社联合会，打破各行业的界限，拓宽服务范围和渠道，形成一种全方位的新型组织体系。第三，重视人才培养教育。日本农协建有完整的教育体系和严密的科学研究体制，政府注重培养农业科技人才，正规教育和社会教育并行。我国也应该注重对人才的培养，适当建立农村人才激励机制，培育高端的技术人才和农民专业合作社的带头人，从而带动更多的组织人员。

三、韩国

韩国农民历来有着互助合作的精神。早在 20 世纪初，韩国就已经出现了金融协会，主要为农民提供信贷服务，后来扩大到农副产品的收购和销售。1920年和 1926 年又出现了农民协会和工业协会，为农民提供生产资料供应等服务，但由于资金问题，很快就解散了。直到 20 世纪 70 年代后开展新农村建设，韩国农协才大力发展起来。韩国的新农村建设可分为两大阶段：第一阶段是 20 世纪 70 年代和 80 年代，即"新村运动"时期；第二阶段是自韩国加入 WTO 至今。20 世纪 70 年代是"新村运动"的鼎盛时期，它大大缩小了城乡差别，农民收入曾超过城市职工收入，取得了举世瞩目的重大成果，被世界公认为是发展中国家综合开发建设新农村的成功范例。韩国"新村运动"之所以成功，原因很多，但其中最重要一点便是"新村运动"的财政资金通过农协组织来为农民办实事。这样"新村运动"通过农协事业的扩大而得以发展。

韩国于 1961 年 7 月 29 日颁布第一部《农业协同组合法》，依法将农业协同组合和农业银行合并，组建成综合的农业协同组合。20 世纪 90 年代以来，由于韩国长期以来重视第二、第三产业，忽视第一产业（即农业），导致产业结构失衡，给农业和农村带来了不少问题，为了解决这些问题，韩国在 1999 年 9 月 7

日又颁布第二部《农业协同组合法》，以振兴农业和农村。该法自 2000 年 7 月 1 日起实行，其中有关农村金融的规定则自 2002 年 7 月 1 日起实行。2004 年 12 月该法又经历了最新的修改，法律赋予基层农协的自主经营权越来越大，管理也越来越民主。

新合作社法明确规定：基层农协及中央会均为法人。基层农协是村级农协，直接为农民服务，其可分为综合农协与专业农协。中央会是以基层农协为会员的全国性联合组织，是农协的最高机构，代表基层农协与政府对话，并监督、指导基层农协的发展，同时还可以通过它的分会和支会向社员提供各项服务。就信用事业而言，中央会是全国农村金融中心，基层农协自愿加入中央会。中央会会员的责任以出资额为限。韩国规定了合作社财产的独立性，规定成员对合作社的债券不得抵销认缴的出资、经费、违约金。规定"为实现第一款所述经营目的，组合可以以其法定资本为限对其他法人进行投资"；"组合可以依照章程规定募集、经营追加资金，用于经营亏损和不良贷款"。还规定成员转让股份的限制性规定，这不同于股份公司。组合法中明确规定"成员以投资额为限承担责任"，即组合只有有限责任这种形式。新农业合作社法还规定了对合作社的监督。监督机构包括农林部、财政经济部、金融监督委员会、检察院、法院、国会、地方自治团体等。监督内容分为事先监督和事后监督。事先监督包括各种认可和承认。事后监督包括检查、取消设立认可、取消大会决议、行政处分等。

四、中国台湾

在中国台湾，比较典型的农业合作社被称为"农会"，台湾农会遍布全岛。在过去的近半个世纪里，农会对台湾农业和农村经济发展贡献卓著，在提高农业竞争力、提高农民收入、推动农业现代化方面扮演了重要的角色。目前，整个台湾地区均有农会组织，在台湾各地都可以看到农会所属的超市、金融机构、办事处、会所等服务组织机构。台湾农会是农民的自治组织，经过逐级选举产生，实行民主管理。

台湾农会的服务功能强大。一般说来，县及县以上的农会侧重于业务协调与指导，具体业务主要集中在乡镇一级农会。农会的服务功能有：①推广和培训农业生产技术（无偿服务）；②提供金融服务；③经营农产品供销业务（把农民组织起来进入市场，加强农民的谈判地位，协助他们尽可能地以较高的或者合理的价格销售农产品，同时降低农业生产和运销成本，增强农业竞争力）；④办理牲畜家禽保险业务；⑤促进农村文化、医疗卫生、福利救济事业，向各方面反映农民意见，保护农民权益。在台湾也存在专业合作社，被称为农会的产销班，一般由同一区域内生产和经营同一种农产品的会员组成。产销班促进农会会员共同利用生产设备及劳动力，降低了生产成本，通过引进和推行现代化的生产经营技术，提高了农产品品质，并在集中办理共同运销中做到均衡供货，在增强农会竞价能力方面起到了极大的作用。

第三节　国际社会农业合作社法治化治理的进程

合作社运动经过 200 多年的发展，已成为势不可当的世界潮流。发端于英国的现代合作运动在迅速传入西欧、北欧、北美、东欧等国家后，往东进入了日本，传入了中国，往南传入意大利、西班牙等拉丁国家，自 19 世纪 50 年代至 20 世纪，世界主要工业国及其殖民地的合作运动不断高涨。1895 年 8 月在英国伦敦，世界各国合作运动实践家们基于发展合作社、开展相关国际合作的目的成立了国际合作社联盟（International Co-operative Alliance，ICA）。ICA 已是世界上历史最悠久、规模最大的一个独立的非政府性社会经济组织。它团结、代表并服务于全世界的合作社，并成为联合国经社理事会中享有第一咨询地位的 41 个机构之一。现已有成员国近百个，成员组织 212 个，社员 7.6 亿人（户），合作社工作者 1 亿人。1934 年，ICA 确立四大纲领，1937 年，ICA 把合作社原则归纳于 11 条，并命名为"罗虚代尔原则"。

1966 年，第 2 届代表大会将其修订为六条。1995 年 9 月，在英国的曼彻斯特召开了"国际合作社联盟周年代表大会"。会上，通过《关于合作社界定的声明》《关于合作社特征的宣言》，对合作社的定义、基本价值和原则均作了更加明确的定义。ICA 确立的基本原则是：自愿与开放原则、社员民主控制原则、社员经济参与原则、自治和独立原则、提供教育培训与信息原则、合作社间的合作原则和关心社区的原则。

联合国也非常注重国际间合作社的发展。20 世纪 90 年代以来，联合国先后5 次通过决议支持发展合作社。1994 年 12 月，联合国大会决定，从 1995 年起，每年 7 月的第一个星期六为"联合国国际合作社日"。国际劳工组织（International Labour Organization，ILO）是 1919 年根据《凡尔赛和约》成立的国际联盟附属机构，1946 年 12 月 14 日，成为联合国的一个专门机构。2002 年 6 月，国际劳工组织第 90 届大会通过了《关于促进合作社发展的建议书》（Promotion of Cooperatives Recommendation），获得了 175 个成员国的全面确认和通过。该建议书确认了 ICA《关于合作社界定的声明》所阐明的合作社定义、价值与原则，同时该建议书向世界各国政府系统提出了发挥和促进合作社发展的政策与立法建议，其核心是建议政府给合作社提供一个支持性的政策与法律框架。许多国家政府积极响应，我国于 1956 年 7 月 26 日申请加入国际合作社联盟，1984 年 8 月再次提出申请。1985 年 2 月 20 日，国际合作社联盟执行委员会在日内瓦召开会议，一致通过接受中国为联盟的成员。

第四节　域外农民专业合作社治理经验及其启示

国情不同，各国合作社的发展形式多样，但总的原则一致，即为农民的利益增值。在分析各国合作社发展的基础之上，我国应该学习其先进的经验，取其精华，并合理吸收为我所用。美国农业合作社较为发达，离不开法律的严格监管；荷兰合作社利用地理位置的优势，发展外向型经济，拓宽合作社服务链条；以色列克服自然条件的劣势，坚持以市场为导向；日本农协通过完善组织结构，加强合作社内部的管理。我国幅员辽阔，不同地区的客观环境皆存在差异，因此，合作社在遵循统一规范的前提下，可以适当优化治理结构和管理模式，使之更适应市场经济的需求。

从各国农村合作社的发展情况来看，其存在一些共性，笔者认为有以下几点值得借鉴。

第一，对合作社的重视是农业发展的基础。合作社是发展农村生产，促进农村社会进步和农民持续增收的一条有效途径。在市场经济还不发达，尤其是在市场竞争还处于无序状态的时期,农民为避免自身利益损失,增强竞争能力,获得社会平均利润以及增强市场谈判地位,采取联合与合作的方式是十分有效的。哪个国家农村合作社发达,农业产业化程度高,哪个国家农产品竞争能力就强,在国际市场占有份额就大。

第二,重视合作社立法。大部分国家都非常重视农村合作社的立法,即便是没有统一合作社立法的国家也都单独对农村合作社进行立法,足见对农村合作事业的重视程度。

第三,承认合作社的法人地位。各国现行的合作社立法都承认合作社独立的法人地位,并赋予其很多商业性权利。

第四,合作社原则随着社会发展不断变化。虽然利用合作社来发展农业,但服务农民的基本内核依旧未改变。合作社的基本原则不断地被修改、发展和完善,各国均灵活地对经典原则加以运用,与传统合作社基本原则不一致的合作社模式也不断涌现,北美"新一代合作社"即是典型的例子。例如,"一人一票"的合作民主已不是唯一模式,按投资表决在一些合作社中不断兴起;退社自由原则有受到一定程度限制的趋势;重合作社内民主管理,轻市场导向的传统管理原则不断受到来自市场的严重挑战,以致公司化经营成为现代合作社发展和壮大的必然要求等。针对这些变革,我国的合作社发展也要迎头赶上,吸取国外经验教训,结合我国实际情况加以吸纳。

第五,合作社种类繁多。合作社种类繁多,形式各异,服务于农村发展的各个层面。金融合作往往是重要类型,也是综合合作的基础。另外,发展多层次的合作社联合也值得我国合作法立法加以借鉴。

第六,政府的扶持力度大。政府对合作社的大力支持,是合作社广泛发展的重要条件。许多国家政府,把合作社看成是连接城乡居民与政府的桥梁纽带和稳定社会的重要力量,均采取有效的政策和措施以促进合作社的健康发展。

第 ❸ 章
农民专业合作社法治化治理的前提问题

农民专业合作社的法治化治理首先要解决的问题有以下两个：其一，团体组织的合法性。农民专业合作社的登记是合作社合法存续的形式前提。此外，农民专业合作社的出资也是决定团体财产组成合法性的重要问题。其二，农民专业合作社社员的适格性和责任问题。社员资格问题是指哪些民事主体可以成为合作社的成员。在理论与实务中对于农民专业合作社社员资格及其限制尚有分歧，需进一步探讨；而社员加入合作社应对合作社承担的责任，各国立法不尽一致。

第一节　农民专业合作社法人的相关问题

农民专业合作社法人的成立是其进行法治化治理的前提，而法人只有经过合法登记，才能被认可。但目前在实践中关于农民专业合作社法人登记存在一些问题有待解决。此外，农民专业合作社法人的财产与责任形式也是合作社存在的重要条件。本节主要探讨这两个问题。

一、农民专业合作社登记问题

商事登记是商主体从事商行为的前置条件。根据《农民专业合作社法》第五条的规定，农民专业合作社一经登记，即成为法人。一般而言，商事登记是商行为参与人成为商法人的重要标志，同时商事登记具有公示的效力。因为管理的需要，我国并没有形成统一的商事登记制度，而是根据法人的性质不同而区别登记。在《农民专业合作社法》及其相关法规规章中，主要通过《农民专业合作社登记管理条例》和国家工商总局（现为市场监督管理总局）的若干相关规定对农民专业合作社的注册、变更和注销登记进行规制。可以说，农民专业合作社法赋予了合作组织以法人地位，而这一目的的实现仍需依靠登记制度来实现。然而在《农民专业合作社法》实施以来，关于农民专业合作社的登记依然存在一些亟待解决的问题，以下将依次进行分析。

（一）商事登记的概念与意义

商事登记是农民专业合作社登记的上位概念，要研究农民专业合作社的性质就必须从商事登记的性质着手。现代意义的商事登记，系指商主体或商主体之筹办人或负责人、代表人，为设立、变更或终止商事主体资格，依照商法典、专门的商事登记法或其他法律法规中的相关内容及程序，将法定登记事项向登记主管机关提出，经其审查核准，登载于登记簿并公之于众的行为[①]。商事登记是将申请人的申请登记行为和主管机关的审核登记注册行为相结合的一种综合性行为，是国家对商事活动实施法律调整和进行宏观控制的必要手段和必要环节[②]。

商事登记作为交易的前置程序，往往在制度设计上体现商法的效率价值。从交易相对人的角度，商事主体设定、出资履行、组织变更合并、增资减资以及解散等方面信息的登记和公告，有助于交易相对人及时获取交易信息，进而大大降低其获取信息的成本支出；从登记主体而言，登记制度设计也尽可能体现便捷高效，尽量降低登记主体的时间成本。

商事登记作为国家对商行为进行调整的一个重要手段，同时也是商主体得以确认的重要标志，对于保障商事主体的合法权益、维护商事交易安全具有重要的意义，主要表现如下。

第一，确认商事活动资格，保护合法营业活动。商事登记使商事主体基本条件得以确认，核准商事主体的名称、住所、法定代表人、注册资本、企业类型、经营范围等，使其获得合格的商事主体资格，并在法律规定和确认的范围

---

① 朱慈蕴. 我国商事登记立法的改革与完善［J］. 国家检察官学院学报，2004（6）：16-23.
② 赵旭东. 商法学［M］. 北京：高等教育出版社，2007：54.

内独立从事商事活动，享有商法上的权利，承担商法上的义务，维护自己的合法权益。

第二，公示作用。商事登记的基本作用不仅在于通过法律程序创制或确定经营性主体，而且在于登记确认登记事项的效力，向社会公开经营性主体的信用、能力和责任。商事登记便于社会公众了解商事主体的信息和资料，维护交易安全，通过商事登记公示商事主体的经营身份、经营状况、经营能力，确立经营信誉，可以为商事活动的参加人提供交易相对人的准确信息，使其明智地选择和决定自己的交易行为，进而保护交易相对人和社会公众的利益。商事主体的登记事项与事实有实质性差别的，构成商业欺诈。

第三，监管手段。商事登记有利于国家的监督管理，维护良好的社会经济秩序。商事登记可以使国家取得各项必要的统计资料，有利于国家及时了解商事主体的经营状态，有利于国家对不同企业的设立和经营进行必要的监督，从而实现国家对商事主体的法律调整和对整个国家商事活动的宏观规划，维护良好的社会经济秩序①。

（二）农民专业合作社登记的特征

农民专业合作社是一种特殊的商事主体，首先，它是一种人合组织，而不是资合组织。它不同于公司。公司主要是资合组织，具有资本的特点，采取资本多数决原则，而农民专业合作社主要是人的联合，采取一人一票制。其次，它不同于社会团体法人，社会团体不可以参与盈利性的活动；农民专业合作社可以与社员进行内部交易，对外交易后产生盈余，返还给社员。最后，它不同于合伙企业，合伙人对合伙债务承担无限责任，按照法律规定，合作社社员对合作社债务承担有限责任。由于其特殊性质，相关登记也必然在一定程度上存在有别于与其他商事主体的独特性质。

1. 登记依据

我国尚未制定统一的商事登记法典，因此目前调整各类商事主体登记法律关系的法律法规散见于众多的民商事法律和法规规章当中。其中，农民专业合作社登记所依据的法律规范主要有《农民专业合作社法》以及国务院颁布的《农民专业合作社登记管理条例》、国家工商行政管理总局的《关于农民专业合作社登

---

① 赵旭东. 商法学［M］. 北京：高等教育出版社，2007：55.

记管理的若干意见》以及相关的地方法规、规章等。

2. 登记管理机关

我国的商事登记机关原为工商行政管理机关,2018 年机构改革之后,由市场监督管理机关负责市场主体的统一登记注册。市场监督管理机关由国家市场监督管理总局、省级市场监督管理局、地市级市场监督管理局、县级市场监督管理局四级组成。上级机关有权纠正下级机关不符合法律和政策规定的行为。

农民专业合作社作为商事主体,也在市场监督管理机关进行登记。其业务范围有属于法律、行政法规或者国务院规定在登记前须经有关部门许可或者批准的项目的,应当报经有关部门许可或者批准。这些部门是农民专业合作社登记前置许可或者审批部门,而不是农民专业合作社的登记机关。

需要注意的是,农民专业合作社协会通常为非营利组织,主要进行农民培训、技术学习及交流等,该团体为社会团体法人,在民政部门进行登记。这与农民专业合作社、农民专业合作社联合社的登记机关有所不同。

3. 登记对象

全国人大法律委员会 2006 年 10 月 30 日在《农民专业合作社法(草案)》修改意见的报告中强调指出:"目前各类农民专业合作经济组织正在探索发展,它们的名称、组织形式、管理制度、登记机构很不一样,也不可能统一。"实践中除了《农民专业合作社法》确立的农民专业合作社外,还存在着其他不同的合作组织,如信用合作社、消费合作社等。2017 年修改的《农民专业合作社法》第二条规定:"本法所称农民专业合作社,是指在农村家庭承包经营基础上,农产品的生产经营者或者农业生产经营服务的提供者、利用者,自愿联合、民主管理的互助性经济组织。"可见,修改后的农民专业合作社法扩大了农民专业合作社的登记范围,包括"农产品的生产经营者或者农业生产经营服务的提供者、利用者"都可以登记为合作社。

(三)农民专业合作社登记的种类和程序

根据《农民专业合作社法》和《农民专业合作社登记管理条例》的规定,农民专业合作社的登记主要有设立登记、变更登记、注销登记。

1. 设立登记

根据《农民专业合作社登记管理条例》第五条的规定,农民专业合作社的登记事项包括名称、住所、成员出资总额、业务范围和法定代表人姓名。根据上述规定，农民专业合作社的设立登记法定事项同其他商主体的登记法定事项差别并不明显，而出资登记上有所不同是其中的一项例外。

农民专业合作社的出资特征主要有：第一，农民专业合作社的财产由成员出资、公积金、国家财政直接补助、他人捐赠以及合法取得的其他资产五个部分组成；第二，农民专业合作社对债务承担的是有限责任，即合作社以其全部财产为限承担责任，成员以其账户内记载的出资额和本人分内的公积金为限承担责任。成员账户内记载的内容有三项，分别为该成员的出资额、量化为该成员的公积金份额以及该成员与合作社的交易量（额）。因此，成员用于对合作社债务负责的出资不仅是登记时的出资额，还包括从公积金转为成员出资的份额部分。

据此，为了使农民专业合作社的独立性得到充分展示，社员的权益能得到应有的保护，在进行出资登记时应注意以下三点。

首先，申请设立合作社时要向登记机关提交的文件中，要求有全体设立人签名、盖章的文件：①全体设立人签名、盖章的设立大会纪要；②全体设立人签名、盖章的章程；③载明成员的姓名或者名称、出资方式、出资额以及成员出资总额，并经全体出资成员签名、盖章予以确认的出资清单。如果是实物出资，在出资清单中要求写明实物类别。这三项集中体现成员自治和对出资额、出资方式、评估作价标准的共同认可，而且也最能反映出合作社的"人合"性质。这些文件的签字、盖章不能简化，在登记中一定要严格要求，任何疏漏都有可能引发财产纠纷，造成出资人权益得不到保障或者债务得不到清偿。

其次，登记人员要做好合作社登记中的行政指导工作，向共同代理人或委托代理人讲解每一项登记要求的法律意义，杜绝冒名顶替、虚报户数和出资、实物出资不详、肆意放大实物作价金额等行为，不模糊出资的真实性，以免给以后的财务管理造成混乱。

最后，最根本的解决途径在于完善制度。应根据合作社需求改变立法角度，在市场准入时充分考虑到明晰财产关系的要求。否则，农民专业合作社即使拥有了法律意义上的法人地位，在市场经济中也有可能得不到真正的认可。另外，根据《农民专业合作社登记管理条例》第30条的规定，有关合作社分支机构的登记与合作社的设立登记基本相同。

2. 变更登记

农民专业合作社登记的事项在登记后发生变化的，应在法定期限内向原登记机关申请变更登记，未经核准变更登记的，不得擅自改变。由于法律法规对农民专业合作社在人员构成、出资情况、业务范围上都有所要求，因此，除了设立登记之外，在法定登记事项需要变更时，应当进行变更登记，即农民专业合作社的名称、住所、成员出资总额、业务范围、法定代表人姓名发生变更的，应当向原登记机关申请变更登记。在实践中，业务范围的变化和人员构成的变化最为常见。

农民专业合作社变更业务范围有两种情况：一种情况是变更业务范围不涉及法律、行政法规或者国务院规定须经批准的项目，即不涉及登记前置许可的，农民专业合作社可以自主决定，并依据《农民专业合作社登记管理条例》第 20 条的规定，应当自作出变更决定之日起 30 日内向原登记机关申请变更登记。另一种情况是变更业务范围涉及法律、行政法规或者国务院规定须经批准的项目，即涉及登记前置许可的，农民专业合作社应当将登记前置许可的经营项目报国家有关部门审批，根据第 21 条的规定，自批准之日起 30 日内申请变更登记，并提交有关许可证或者批准文件。

此外，若营业执照的相关事项发生了变化，还应当更换并发放营业执照。依照规定，农民专业合作社业务范围中属于前置许可的经营项目，其许可证或者有关批准文件被吊销、撤销的，以及其许可证或者其他批准文件有效期届满未依法重新办理许可审批手续的，应当自事由发生之日起 30 日内申请变更登记或者依照条例的规定办理注销登记。

3. 注销登记

农民专业合作社因各种原因，无法继续营业时，应当向原登记机关申请办理注销登记，其分类如下：

（1）成立合法清算组的农民专业合作社的注销登记。依据《农民专业合作社法》第 41 条的规定，农民专业合作社因为章程规定的解散事由出现、成员大会决议解散、依法被吊销营业执照或者被撤销解散的，应当依法组成清算组进行清算。成立清算组的农民专业合作社应当自清算结束之日起 30 日内，向原登记机关申请注销登记，并提交：清算组负责人签署的《农民专业合作社注销登记申请书》；成员大会或者成员代表大会依法作出的解散决议，或农民专业合作社依法被吊销营业执照或者被撤销的文件，或人民法院的破产裁定、解散裁判文书；成员大会、成员代表大会或者人民法院确认的清算报告；《农民专业合作社法人营业执照》（正、副本）；清算组刊登公告的报纸或其复印件（依法免除公告义务的不提交）、清算组全体成员签署的《指定代表或者委托代理人的证明》；清算组成员和负责人产生的文件及名单。有分支机构的，还应当提交其分支机构注销登记的证明。经登记机关注销登记，农民专业合作社终止。

（2）因合并、分立而解散的农民专业合作社的注销登记。依据本条的规定，因合并、分立而解散的农民专业合作社应当自作出解散决议之日起 30 日内，向原登记机关申请注销登记，并提交：法定代表人签署的《农民专业合作社注销登记申请书》、成员大会或者成员代表大会依法作出的解散决议、成员大会或成员代表大会做出的债务清偿或债务担保情况的说明、《农民专业合作社法人营业执照》（正、副本）、法定代表人签署的《指定代表或者委托代理人的证明》。有分支机构的，还应当提交其分支机构注销登记的证明。经登记机关注销登记，农民专业合作社终止。

（四）农民专业合作社登记制度的完善

农民专业合作社作为一种新型的市场经济组织进入我国市场经济体系，由于各方面经验的缺失及市场变化的不确定性，在一些方面尚不尽如人意。当前我国涉及农民专业合作社登记的相关法律法规有限，仅有《农民专业合作社法》《农民专业合作社登记管理条例》等法规，虽然在农民专业合作社的性质、登记标准、内外规范等方面构成了主体框架，奠定了合作社登记的法律基础，但在条款实施细则的某些方面有待完善。

1. 经营范围

《农民专业合作社法》第二条规定，农民专业合作社是指在农村家庭承包经营基础上，农产品的生产经营者或者农业生产经营服务的提供者、利用者，自愿联合、民主管理的互助性经济组织。由此可知，合作社的经营范围是以第一产业为主，包括其他两大产业在内的各项与农业生产经营相关的诸多内容。但由于并不存在更为明确的可供登记直接参考的具体指导目录，在登记过程中如何判断申请人所申请的经营范围成为一个难题。笔者在 2018 年 7 月对山西省兴县高家村镇寨滩上村进行调研时发现，寨滩上村党支部书记打算利用当地的黄河滩原生态旅游资源带动村民发展农家乐，在乡村设立"旅游合作社"，但在当地工商局登记注册时却受到较大的阻力。登记机关与农民对于该"旅游合作社"是否属于"与农业生产经营或服务有关"的认识存在分歧，主要原因是现行法律规定并无明确的标准，在具体执行登记时无具体标准参照。

有鉴于此，有必要制定具体行业指导目录，明确农民专业合作社的登记范围。针对现有合作社登记行业范围难确定的情况，建议立法部门或上级登记主管部门借助实际调研和法律探讨等途径，通过发布具体行业指导目录的方式进一步明确登记范围。依据《农民专业合作社法》的立法精神，将"是否有利于促进农业和农村经济的发展"作为判别市场准入行业的根本宗旨。对于一些属于第一产业以外的边缘行业，先分析该行业的根本发展目标，再判别其是否可作为合作社的经营范围，以行政规章的形式明确相关的指导目录，在系统内予以推广或作为其他各级行政部门的同例参考①。

2. 解决跨地域性合作社的登记

农民专业合作社相关立法对成员的所在地域及农业生产地尚无明确要求，是否允许跨区县甚至跨省市的农户共同组成合作社，对该种情况是否应予登记以及应该如何登记，都没有明确的法律依据。在实践中，这也是登记部门及合作社申请人要共同面对的疑难点。

因此，登记主管机关应制定登记指导意见，明确相关的政策，只要是在相关法律、法规允许的范畴内，登记部门就应当予以受理，具体的授权和登记规范可由上级登记部门制定专项登记指导意见予以明确，这样有利于彻底解决合作社的地域限制，避免全国各地做法各异，妨碍合作社的发展。

3. 规范登记程序

在专业合作社的工商登记中，手续烦琐与随意简化现象并存。一方面，《登记条例》对一些登记注册手续并没有做详尽的规范，例如，收费（登记费、工本费）、年检、验资、环境评估等前置审批等是否需要，条例留有较多空白，实践中做法不一，有些地方复杂的登记手续增加了农民办社负担；另一方面，《登记条例》对于合作社登记实行的是备案制，而不是审批制，这就给一些不符合合作社标准的法人按合作社法人进行登记造成可乘之机。由于登记机关只是形式审核，出现了租借农民身份证办合作社的现象。

---

① 王玉梅. 农民专业合作社之法理探究与实践［M］. 北京：科学出版社，2012；141.

针对以上问题，首先有必要对是否符合合作社设立资格进行严格的实质审核，特别是对发起人是当地有市场影响力的龙头企业或社会团体等的农民专业合作社注册，工商部门应主动与当地负责合作社事业的政府部门合作，进行必要的材料审核，以剔除那些假合作社。对甄别出来的真正为农民利益服务的农民专业合作社开辟"绿色通道"，简化办事手续，降低评估等费用，尽可能地降低合作社进入的程序性门槛。按照既促进发展，又适度规范，既依法登记，又简便易行的原则，合理降低门槛，促进农民专业合作社登记健康发展。

二、农民专业合作社出资问题

关于农民专业合作社出资类型，《农民专业合作社法》没有作规定。《农民专业合作社登记管理条例》（以下简称《登记条例》）第八条规定："农民专业合作社成员可以用货币出资，也可以用实物、知识产权等能够用货币估价并可以依法转让的非货币财产作价出资。成员以非货币财产出资的，由全体成员评估作价。成员不得以劳务、信用、自然人姓名、商誉、特许经营权或者设定担保的财产等作价出资。"例如，在笔者的调研中，山西省临猗县 LZ 专业合作社的成员以中型、大型农业机械设备等进行出资。万荣县 WWB 专业合作社的成员除了以货币出资，还有仓储等可以进行作价。对于土地承包经营权、农民房屋等是否可以作为出资法律没有明确规定，但从条例中"可以用实物、知识产权等能够用货币估价并可以依法转让的非货币财产作价出资"一句可以判断出立法者的意见。合作社作为对外的竞争型、营利性经营的法人组织，以其自有财产对债务承担有限责任，而其承担责任的基础必须是"可依法转让"的实收资本。土地承包经营权、农民房屋以及劳务性投入等均是难以"依法转让"的资本，如将其视作实收资本出资，就有可能置交易对象于竞争不平等、交易不安全的不利地位。因此，立法将出资的范围限定在"可以依法转让"。

但是对于农民专业合作社而言，现金资本并不充裕，知识产权拥有更为稀有，而农民特有的土地承包经营权、房屋和劳务又不允许作为出资，导致的后果极有可能就是大户、工商资本占据合作社主导地位，"中心—外围"型结构更为明显。因此允许和鼓励以多种要素入股组建农民专业合作社就成为必要。

（一）土地承包经营权出资

关于土地承包经营权是否可作为合作社出资，《登记条例》没有明示。我国颁布的《公司法》第二十七条规定，股东可以用货币出资，也可以用实物、知识产权、土地使用权等可以用货币估价并可以依法转让的非货币财产作价出资。这里的土地使用权专指国有土地的使用权，农民土地承包经营权由于不具有可转让性，不在《公司法》所指范围之内。

但在实践中，以土地承包经营权出资入股农民专业合作社的现象却并不少见。很多合作社以土地承包经营权折价入股，在全国普遍存在。土地使用权出资，可以解决土地荒废的问题。当前越来越多的农民到城镇打工或创业，他们或把土地闲置，或在农忙时回家播种或收割，土地产出效益不高，有的处于荒废状态。将土地使用权作价加入合作社，不仅解决了"上班族"的后顾之忧，而且土地在合作社的精心打理下收益更高，村民分取的红利更加丰厚，这种变废为宝、盘活闲置土地的做法值得认同。

基于此，一些地方政府出台政策和办法，认可这种做法。例如，山东省工商局在不改变土地集体所有性质、不改变土地用途、不损害农民土地承包权益的前提下，允许农民专业合作社成员以土地承包经营权出资；2007年7月1日，重庆市工商行政管理局发布的《关于全面贯彻落实市第三次党代会精神，服务重庆城乡统筹发展的实施意见》第十六条规定："支持探索农村土地流转新模式。在农村土地承包期限内和不改变土地用途的前提下，允许以农村土地承包经营权出资入股设立农民专业合作社。"湖北省工商局出台新政策："在不改变土地集体所有性质和用途的前提下，允许农民成员以土地承包经营权对从事种养殖业的农民专业合作社进行出资，鼓励发展规模种养殖业。"陕西省工商局近日出台《关于进一步促进和扶持农民专业合作社发展的意见》规定："在承包期限内和不改变生产用途的前提下，农民可以将其土地承包经营权、林权、果木权的收益作价，出资加入农民专业合作社。"依据《浙江省农村土地承包经营权作价出资农民专业合作社登记暂行办法》的规定，2009年3月27日浙江省首家以农村土地承包经营权作价出资的农民专业合作社——德清县新安镇共鸣牛蛙专业合作社在德清市成立，第一批共12家农民专业合作社落户浙江。2011年颁布的《山西省农民专业合作社条例》也明确规定了土地承包经营权可作为农民专业合作社的出资形式。

这些地方规定尽管表述不尽相同，但基本要点如下：其一，不改变土地用途，建立在土地流转的需要之上。综合来看，各地允许土地出资主要考虑的是促进土地流转。这种流转的目的是为了充分发挥土地功用，形成规模化经营。其二，在承包期内，不改变使用权主体，不形成土地所有权的转移。

除了对土地本身的利用成为出资基础外，还可以对土地的地上物作价作为出资的一种形式。当然这种形式就不是土地使用权出资，而可以看作是实物出资。

（二）农民房屋出资

按现行管理政策，农民的房屋不可以上市交易，也属"难以依法转让"的资产。但农民的房屋也会成为合作社经营的需要，例如，用作仓储、加工用房、办公用房等。为此允许将农民房屋作价出资加入合作社，一方面解决合作社需求，另一方面也使农民增加在合作社中的资本。

（三）劳务出资

以劳务出资在各国公司法基本上都不被允许。原因在于劳务价值的不确定性以及不可转让性无法成为公司对外承担责任的基础。但在合作社中，存在着对劳务出资的需要。在实践调研中，农民专业合作社成员以劳务出资的现象仍然存在，如山西省万荣县 NFCP 专业合作社的成员当中，技术人员则以技术作为入社的"资本"。

首先，以劳务出资为合作社互助性自我服务的基本属性所决定。《农民专业合作社法》第二条对合作社的基本属性作了明确的规定：与单纯出资办企业相比，合作社的合作领域更宽、范围更大，合作的方式也更具多样性。以劳务出资应该是非常重要的合作方式之一。其次，现阶段农民在资金不充裕的情况下，以劳务出资，换工互助就是很现实、很实用的合作方式。而且农村中懂技术、会经营的能人、技术人员仍然是合作社发展生产、提高经济效益的宝贵人力资本。这些能人、技术人员所拥有的技术、营销性劳务等，大多是要推广的实用技术，都不是技术专利等"可以依法转让"的资产，但却非常适合农村经济发展的需求，所以其是合作社所需要的重要互助合作方式。

经过以上的分析可以看出，土地承包经营权、农民房屋、劳务等如果可以允许作为出资加入合作社，将有利于合作社的发展。但是无论如何也无法改变土地承包经营权、农民房屋、劳务等不可转让的特点，以不可转让的出资构成注册资本必然导致社会交易的不安全。法律上如何解决这一矛盾呢？对此应破除出资方式的思维定式，创新机制，实现既要确保市场主体平等竞争、维护交易安全，又要充分发挥合作制的优越性，让各种有效资源充分利用。

合作社出资的目的首先是通过注册资本对外公示合作社的经营能力，更为重要的是为了合作社的实际经营。基于这种认识，可在制度设计上把农民的投资分作两类：一类是按照《登记条例》规定的"可依法转让"的实收资本，其反映在营业执照上为注册资本，以此确保合作社在参与市场竞争时，能以实收资本来承担责任；另一类是农民认可的，对合作社有实用价值的其他各种投入，如土地承包经营权、技术性劳务、农民房屋等，这是农民参与合作社"内部交易"过程中从事互助、服务性经营的投入，是可以参与合作社分配的投入，也可以获得一定的附加表决权。如此既可以保证农民有足够的出资加入合作社，同时也不会因为合作社经营的破产而导致其保障性资产权利的丧失，而交易第三方由于事先了解合作社资本的构成也不会因为合作社出资的不可转让而遭受损失。

第二节 农民专业合作社社员的相关问题

一、社员资格问题

（一）社员资格基本理论

1. 社员资格与成员能力

德国民法中对于何种主体具有某种身份或资格，用"Fähigkeit"一词表达。例如，何种民事主体可以成为团体的成员用"Mitgliedsfähigkeit"一词表达。类似的表达还有，如"Rechtfähigkeit"。在汉语翻译时，"Rechtfähigkeit"毫无争议地使用了"权利能力"的译法。但是，就"Mitgliedsfähigkeit"的翻译学界却并未太多关注，而我国学界基于约定俗成，习惯将"何种主体具有成员团体的身份或资格"使用"成员资格"。

本书认为，严格意义上，德语"Mitgliedsfähigkeit"应当译为"成员能力"，与民事权利能力（Rechtfähigkeit）对"Fähigkeit"的译法与意义保持一致，但为了学术交流的便利，本书在行文中使用"社员资格"一词表达"成员能力"。

2. 社员资格的一般原则

综观各国关于合作社的立法可知，各个国家对于合作社社员的问题基本都采取了开放性原则。1995 年 9 月在英国曼彻斯特举行的国际合作社联盟 100 周年代表大会上产生并通过的合作原则之一，即"自愿和开放的社员原则"。该原则指出，合作社是自愿的组织，对所有能够利用合作社服务和愿意承担社员义务的人开放，无性别、社会、种族、政治和宗教的歧视。因此，开放性是合作社社员资格问题的基本原则。

德国理论界和法院普遍认为对于股份公司和有限责任公司，所有的自然人、法人和共同共有关系都有成员能力。对于合作社，则有明文规定，从中可以得知，在合作社中除了自然人之外，法人和商事合伙也具有成员能力（《德国合作社法》第 77 条 a）。此外，联邦普通法院也通过裁决肯定了（外部）民事合伙的成员能力。[①] 对于民法社团（BGB-Verein）成员能力尚有分歧，主要是针对民事合伙、公法中有部分权利能力的团体法人（如组织的全体大学生）、国家机关是否具有民法社团的能力。也有学者认为对于民法社团的成员能力与股份公司及有限责任公司的成员能力应当不加区分，尤其是由于工作关系，不同主体都可能会加入雇主协会或注册协会这类民法社团[②]。由此可见，德国民法对于合作社的成员资格采取开放的态度，即自然人、法人和商事合伙均具有成员能力。

3. 对社员资格的适度限制

合作社社员资格的开放性可供我国农民专业合作社借鉴，然而对于其社员资格并不应完全开放而不加以任何限制。事实上，世界上绝大多数国家在采取开放性原则的同时，也对合作社社员资格进行一定的限制。对社员资格的限制主要表现为是否承认团体组织的社员资格。此外，对自然人的社员资格，也有一定的限

---

① Vgl. BGH WM 1980, 1286.

② Vgl. Reuter, Dieter, 145 ZHR, 273, 274 bis 277（1981）, zitiert nach Franz Jürgen Säcker/Roland Rixecker, Münchener Kommentar zum Bürgerlichen Gesetzbuch, Bd. 1（§§1-240）, 6. Aufl., München：C. H. Beck, 2012, S. 685, 688.

制，以下将分别阐述。

（1）对团体组织社员资格的限制。

从团体法上来看，有限责任公司与股份有限公司作为资合组织通常并不排斥法人及商事合伙成为团体成员。然而，对于合作社，各国立法则态度不一。对团体组织的社员资格主要有三种立场。

第一，完全禁止。有的国家立法完全禁止自然人以外的法人和其他组织成为合作社的社员，将合作社的社员限定在自然人的范围内。例如，《意大利民法典》第25条规定，社员应当为自然人；《越南合作社法》第22条规定自然人与家庭可以成为合作社员①。

第二，完全没有限制。一些国家则采取了完全不同的态度，允许自然人以外的法人或其他组织成为合作社的社员，并且不设特殊的限制。例如，《英国合作社法》第42条规定："其他法人可向合作社出资。"

第三，允许非自然人成为社员，但是有一定的条件限制。多数国家采此立场。对非自然人成为社员的限制多是对其与农业合作社生产经营的关联性方面以及盈利性的限制。例如，日本《农业协同组织法》第12条规定，法人可加入协同组合，但是该法人须从事农业经营及其附带事业②。我国台湾地区"合作社法"第12条规定，法人可为合作社社员，但有两个限制：①法人只能加入有限责任或保证责任的合作社；②法人以非营利性法人为限③。

（2）对自然人社员的限制性条件。

世界各国尽管存在自身不同的立法背景，但均认可自然人作为合作社成员，这也是与合作社的本质相一致的。但各国对自然人社员存在不同程度的限制。严格来讲，各国的限制并不是对"成员资格"的限制，而是对成员从事民事活动的行为的限制。主要体现为以下几方面：

第一，成员必须为本国公民。有的国家立法对农业合作社社员的国籍进行限制，并且进行限制的多为发展中国家，发达国家则鲜有这方面的限制。例如，

---

① 李继生. 论中国农民专业合作社的社员主体资格——以《农民专业合作社法》的相关规定为分析对象 [J]. 中南财经政法大学研究生学院学报，2010（1）：146-150.

② 参见《日本协同组合法》，转引自王玉梅. 农民专业合作社之法理探究与实践 [M]. 北京：科学出版社，2012：126.

③ 参见"台湾合作社法" [EB/OL]. 中国百科 http://www.chinabaike.com/law/got/tw/1384555-2.html，2019-08-19.

《越南合作社法》规定："合作社社员必须是本国公民。"菲律宾的《农业合作社法及非农合作社法》为了排斥华侨，对社员资格明文规定了国籍方面的限制①。发展中国家对合作社社员国籍的限制主要是出于政策方面的考虑：一方面，担心外国国籍或无国籍人加入合作社后，利用合作社对国家的政治经济产生不良影响；另一方面，发展中国家普遍将农业合作社作为国家政策支农的实施平台，给予多种金融支持和财税优惠，针对国籍的限制可以防止这些优惠政策最终为外国人利用并获益。

第二，成员须从事农业生产或与农业生产有一定联系。各国的农业合作社无论是在市场还是政府的推动下成立发展，其目的均是将处于弱势地位的农民联合起来，从而增强单个农民的市场竞争力，保护其合法权益。因此，多数国家在合作社发展的初期，都对合作社社员的身份有所限制，只有直接从事农业生产或者与农业生产有一定联系的个人才能成为农业合作社的社员，现在，仍有个别国家沿袭了这样的规定。

第三，成员须有一定的行为能力。多数国家对农业合作社的自然人社员设有年龄方面的限制。对社员年龄的限制实质上是对社员行为能力的要求。限制欠缺行为能力的自然人成为农业合作社的社员，是出于对农业合作社宗旨和性质的考虑。合作社是为社员独立的经济活动提供服务的，没有社员独立的经济活动，合作社的存在也就失去了根据。因此，对于单个的自然人社员而言，只有达到一定的年龄界限，具备相应的独立进行经济活动的行为能力，才能够并且有必要加入农业合作社，获取合作社的帮助和支持。例如，我国台湾地区"合作社法"第71条规定："合作社社员，应具备下列资格之一：①年满20岁；②未满20岁而有行为能力者。"根据所谓的"台湾民法典"中关于自然人民事行为能力的相关规定可知，公民20岁为成年，开始具有完全民事行为能力；未成年人已婚后，有行为能力。可见，台湾地区要求自然人具备完全民事行为能力方能成为合作社的社员。印度、越南等国的《合作社法》中也有类似的规定②。和我国台湾地区相比，英国对社员行为能力的限制没有那么绝对，其《合作社法》第132条规定："在章程没有反对的场合下，16岁以上20岁以下的人，可加入合作社为社员，但不得充任合作社的理事、财产管理人、文书或会计等职务。"必须年满21

---

① 屈茂辉等. 合作社法律制度研究 [M]. 北京：中国工商出版社，2007：170.
② 屈茂辉等. 合作社法律制度研究 [M]. 北京：中国工商出版社，2007：169.

岁才能担任理事等职务，而在英国年满 21 岁属于成年，具备完全民事行为能力。因此，英国并不完全禁止不具备完全民事行为能力的自然人成为合作社的社员，年满 16 岁但是不具备完全民事行为能力的自然人亦可以成为合作社的社员，但是不能担任合作社内行使管理职权的职务；而只有具备完全行为能力的社员方能担任管理职务。

第四，对资信状况的限制。我国台湾地区"合作社法"第 13 条规定："下列人员不得加入合作社：①除公权者；②破产者；③吸用鸦片及其代用品者。"

（二）我国农民专业合作社社员资格问题

1. 我国现行立法对农民专业合作社社员资格的规定

2006 年颁布的《农民专业合作社法》关于社员资格的规定主要体现在总则第二条和第三条，以及第三章中的第十四条和第十五条。2017 年底修订之后，对合作社成员资格的规定有所变化，相关条文为第二条、第三条、第四条以及第十九条、第二十条。以下将对我国农民专业合作社成员资格的规定作简要分析。

第一，我国立法赋予自然人和团体组织同样的社员资格。《农民专业合作社法》采取了世界上多数国家的立法模式，并没有将农民专业合作社的社员仅仅限定在自然人的范围内，而是赋予了自然人和团体组织同样的社员资格。合作社法第二条规定，农产品的生产经营者或者农业生产经营服务的提供者、利用者为农民专业合作社的主体。第十九条进一步规定，具有民事行为能力的公民，以及从事与农民专业合作社业务直接有关的生产经营活动的企业、事业单位或者社会组织，可以成为农民专业合作社的主体。

第二，自然人成员应当具有民事行为能力且具有中国国籍。《农民专业合作社法》采纳了世界上大多数国家的做法，第十九条规定，自然人要有民事行为能力，同时要求自然人为"公民"，意味着必须具有中国国籍。

第三，农民成员与非农民成员有比例限制。《农民专业合作社法》第四条规定了合作社应该遵循的基本原则，其中第一项原则即要求"成员以农民为主体"，并且在第二十条中进一步具体规定"农民应占成员总数百分之八十""成员总数二十人以下的，可以有一个企业、事业单位或者社会团体成员；成员总数超过二十人的，企业、事业单位或者社会团体成员不得超过成员总数的百分之五",对农民专业合作社成员身份的构成比例作了具体的安排。这在一定程度上是对合作社成员身份的限制,即只允许一小部分比例的非农民自然人和团体成为农民专业合作社的成员。

第四,成员应当为农产品的生产经营者或农业生产经营服务的提供者。2006年颁布的《农民专业合作社法》第二条规定:"农民专业合作社是在农村家庭承包经营基础上,同类农产品的生产经营者或者同类农业生产经营服务的提供者、利用者,自愿联合、民主管理的互助性经济组织。"该规定概括了农民专业合作社社员是"同类农产品的生产经营者或者同类农业生产经营服务的提供者、利用者",即社员需与该合作社生产经营范围相同或者与其存在联系。但经过多年农民专业合作社实践后发现,上述规定过于偏狭,限制了农民专业合作社的发展。2017年法律修订后规定为"农民专业合作社,是指在农村家庭承包经营基础上,农产品的生产经营者或者农业生产经营服务的提供者、利用者,自愿联合、民主管理的互助性经济组织。"显然,该条规定扩大了农民专业合作社的成员范围。第十九条还进一步规定团体组织与农业生产经营的关联性,"从事与农民专业合作社业务直接有关的生产经营活动的企业、事业单位或者社会组织,能够利用农民专业合作社提供的服务,承认并遵守农民专业合作社章程,履行章程规定的入社手续的,可以成为农民专业合作社的成员。但是,具有管理公共事务职能的单位不得加入农民专业合作社"。

2. 对我国农民专业合作社员资格规定的评析

我国《农民专业合作社法》结合中国国情与经济发展实际,在成员资格立法上采取了随着实践发展而后修法的策略,实践证明,对促进我国农民专业合作社的发展起到了积极的推动作用。

首先,允许非农民的团体组织加入农民专业合作社,有利于吸引资金、引进先进技术、提高管理水平以及发挥龙头企业的带头能力。现阶段我国农民资金有限,即使有一些积累,也因农民社会保障的不足使其不可能对农民专业合作社作较大投入,而国家又不可能对所有的农民专业合作社提供资金支持。因此,允许非农民的个人和团体组织加入农民专业合作社有利于解决合作社经营和发展所需的资本来源问题。我国农民专业合作社管理能力较弱,在激烈的市场竞争条件下,单靠农民自身的联合难以发展壮大。开放的社员资格能够为农民专业合作社带来发展壮大所需的外部管理人才和先进的科学技术,有利于合作社的长远发展。由于农民自身天然的弱势及传统经营方式造成的市场参与能力较弱的现状,纯粹由农民组成的专业合作社的盈利能力以及对社员的服务水平非常有限,而具有一定规模的农产品生产、销售等各类企业形成的龙头企业的市场运作能力远远大于农民个人及农民专业合作社。因此,龙头企业参与设立农民专业合作社能够大大提高合作社的实力。实践中不少农民专业合作社不仅是农民社员的联合,而且往往是由当地龙头企业牵头兴办,它们在合作社中具有一定甚至很大一部分的份额。

其次,对农民社员的限制性条件具有一定的合理性。合作社毕竟是为社员生产经营提供服务的组织,若缺乏从事生产经营的行为能力而加入合作社,势必影响合作社的运营,也难以保障无行为能力或限制行为能力社员的利益。但是,对于具有民事行为能力的公民入社后丧失了行为能力抑或合作社社员死亡后其继承人为无民事行为能力或限制行为能力等特殊情况,在立法上也应当给予特别考虑。但我国现行立法关于农民社员的规定仍有待完善之处。主要有以下两点:

第一,增加对行为能力限制的例外规定。对于农民专业合作社社员中自然人行为能力的限制,应该设立针对特殊情况的例外规定。本书认为,立法上应保留存续中的合作社中特殊的无民事行为能力或限制行为能力人的社员资格,以维护其正当权益。法律上甚至可以允许无行为能力或限制行为能力的农民加入合作社,以使这些比普通农民个体更弱势的人有机会获得合作社的帮助。这类社员可以通过其代理人行使权利并履行相应的义务。但立法中须将此类社员的社员权同其他正常社员的社员权进行区别,限制其在农民专业合作社的经营管理事项中享有表决权或担任相应的职务。同时,为了保障合作社能够有效地运转,实现其互助、互利的目的,在立法上应对无民事行为能力或限制行为能力人在同一合作社中所占比例作出限制性规定。当然,出于对合作社自治原则的恪守,立法中应允许合作社章程作出限制规定,即合作社章程可以规定禁止无民事行为能力或限制民事行为能力人成为合作社社员。毕竟农民专业合作社是人合性较强的经济联合组织,对于特殊情况下合作社社员资格问题的处理首先应当尊重其他社员的意思。

第二,明确界定农民身份。《农民专业合作社法》要求农民专业合作社应以农民为主体,80%以上的社员应具有农民身份,该规定符合合作社为农民服务的目的和宗旨。但是《农民专业合作社法》却没有明确对"农民"的概念进行界定。《农民专业合作社登记管理条例》首次从法律角度对"农民"下了定义,该条例第十五条第一款规定:"农民专业合作社的成员为农民的,成员身份证明为农业人口户口簿；无农业人口户口簿的，成员身份证明为居民身份证和土地承包经营权证或者村民委员会（居民委员会）出具的身份证明。"

目前，学术界对农民的界定有三种标准：①户籍标准，只要具有农村户口的人均为农民。如果按照这种标准我国现在拥有约 9.2 亿农民。②居住地标准，农民是指居住在农村的人。如果按照这种标准我国目前的农民人数约为 7.8 亿人，其与第一种界定标准下农村人口的差距约为 1.4 亿人，这些主要是农村人口中外出进城务工的人员①。③职业标准，凡从事种植、养殖业和直接为种植、养殖业进行产前、产中、产后服务的劳动者，都是农民。由此可见，《农民专业合作社登记管理条例》采取了兼具户籍和职业的双重界定标准，即具备农业人口户口簿的皆被普遍地认定为有农民身份，作为补充规则的是，从事农业生产的自然人如果没有农业户口簿，只要其能够提供土地承包经营权证或者村委会出具的证明也可证明其农民身份。

然而，按照我国目前城乡一体化的建设进程来看，在全国范围内逐步实行城乡一体化的居民户籍制度是大势所趋。一部分拥有农业户籍的人员长期进城务工，从事第二或第三产业，因此按照户籍标准界定农民身份难以满足时代发展要求。此外，有城市居民从事种植、养殖业，如果单纯按照职业标准来界定农民身份，会使《农民专业合作社法》关于合作社 80% 的社员应为农民的规定形同虚设。《农民专业合作社法》规定农民专业合作社中 80% 以上的社员应当具有农民身份，是立法者为保证农民专业合作社宗旨和目的的实现所设定的最低要求，关系到国家农业政策能否贯彻和落实，也关系到广大的农民群众能否真正成为合作社的主人，并且利用合作社为自己谋取利益。这是原则性问题，故立法应该明确农民身份的界定标准，使 80% 以上的社员应为农民的规定落到实处，否则一些非农逐利者极易利用这个法律漏洞，进入合作社，滥用国家针对合作社的政策优惠和金融支持。

二、农民专业合作社社员的责任形式

农民专业合作社的责任涉及两种，一是指合作社对外的责任，包括民事责

---

① 王保树. 中国商法年刊（2006）——合伙与合作社法律制度研究［M］. 北京：北京大学出版社，2007：373.

任、行政责任及刑事责任；二是指成员对合作社的责任，主要指民事责任。在此主要探讨后一责任。

（一）社员责任的域外立法考察

社员对合作社享有相应的权利，并负有相应的义务和责任。从各国立法情况来看，社员对合作社的责任主要有无限责任、有限责任、两合责任以及保证责任等。

1. 农民专业合作社社员的无限责任

无限责任是指成员对合作社的债务承担着无限的连带清偿责任。无限责任要求成员对合作社的债务有向债权人全部给付的义务，只有合作社将债务全部清偿后，各成员才能免除责任，不得以成员出资的多少或盈余分配的多少作为拒绝给付的理由；在合作社的资产不足以清偿债务时，债权人有权要求各成员予以清偿，因此无限责任又是连带责任。但是这种连带责任在社员之间的内部关系上是有份额划分的，具体则以股额为标准或者由章程予以具体规定。当某一或某些社员偿还的债务超过了自己应当承担的份额时，享有就其超额部分向其他社员追偿的权利，其他社员负有偿还的义务。从合作社的发展历程看，在其发展初期，为保证债权人的债权能得到清偿，一般采取无限责任的形式，且至今仍被一些国家采用。例如，丹麦的合作社法向来采用无限责任，因此丹麦合作社向金融机关融资非常便利。① 对于无限责任，我国台湾地区的"立法"对其进行了时间上的限制。我国台湾地区的"合作社法"第 31 条规定："无限责任或保证责任的合作社社员，对于出社前合作社债权人的责任，自出社决定之日起经过两年，始得解除。"因此这一无限责任亦不同于传统民法意义上永久承担的无限责任。

2. 农民专业合作社社员的有限责任

有限责任是指成员以其出资额为限承担有限责任。成员在其出资以外，对合作社债务不承担连带清偿的责任。在这种情况下，合作社的财产是其自有财产，非社员所有或社员共同所有。较有代表性的国家为美国，其合作社基本上都为有限责任，例如，俄亥俄州及田纳西州的合作社法均作此规定。随着合作事业的发展，合作社力量的增强以及管理的逐步规范，大部分国家在合作社立法时，规定合作社承担有限责任。日本《农业协同组织法》规定，股份制合作社成员以其对合作社持有的股份为限对合作社债务承担责任，非股份制合作社以其对合作社

---

① 蒋学跃. 合作社发展的内在矛盾及我国合作社立法难点·中国民商法律网·2012 年 9 月 8 日访问。

支付的费用为限承担责任；英国《合作社法》第 5 条规定合作社为有限责任组织；法国也采用有限责任的形式①。

3. 农民专业合作社社员的两合责任

两合责任，是指社员中的一人或一人以上负无限责任，其余人则负有限责任。两合责任的合作社大都因法律的直接规定所致，而立法的规定源于有限责任自身的瑕疵。在社员承担有限责任的情况下，合作社具有同公司制度类似的有限责任，但不同的是，农民专业合作社在出资上并不如公司那样对出资形式严格要求，其讲求多样性，允许以实物作价，甚至使用权亦可以作价出资，一般也没有最低出资额的限制。这就可能导致不公平的情况发生，以所有权出资者面临比使用权出资者更大的风险，尤其是如果用以出资的实物是动产，使用权不能构成独立的他物权时，就成为一种因合同而产生的单纯的使用权，不利于保护交易安全。为了纠正这种情形，很多国家采取了让不同的出资者承担不同的责任以消除这种不平等。比如，意大利《合作社法》规定，在同一合作社中，以所有权出资的社员可以承担有限责任，以使用权出资的社员对合作社承担无限责任②。

4. 农民专业合作社社员的保证责任

保证责任，是指成员以其出资和保证金额为限，对合作社债务承担责任。保证责任也是一种有限责任，只不过是所负责任的限度除了其所出资的财产外，还包括其所保证的金额。农民专业合作社领域的保证责任不同于债法一般意义上的保证责任：首先，农民专业合作社领域的保证责任在社员之间不具有连带关系，因此也无代位求偿权一说；其次，合作社社员的保证金额预先在合作社章程中载明，对合作社在经营活动中的所有债务承担保证责任，以记载的金额为限，而债权法上的保证责任则是对主债务的担保，并以主债权为限。

保证责任在没有突破有限责任界限的情况下，扩大了责任承担的范围。把有限责任和信用提高有效地结合在一起，平衡了交易双方的利益，对于保障交易安全有一定的作用。台湾地区"合作社法"就规定了保证责任，即社员以其所认股额及保证金额为限，负其责任。该种责任形式加大了社员的责任幅度。

各国专业合作社立法对于专业合作社的责任承担的规定并不统一，在同一国家的立法中也会选择一种或多种的责任类型，甚至在同一国家不同时期的合作社立法也是不一致的。以德国为例，德国早在合作社法未颁布前，就规定团体债务

---

① ②　屈茂辉等. 合作社法律制度研究［M］. 北京：中国工商出版社，2007：165-167.

由社员承担无限责任。1867 年普鲁士的《合作社法》、1871 年德国北部的《合作社法》及 1889 年德国的《合作社法》采用的都是无限责任。1889 年的《合作社法》中，德国开始放弃单一无限责任的规定，转而采用无限责任、保证责任、有限责任、补充责任的规定。印度的《合作社法》、埃及的《合作社法》规定合作社的责任为无限责任与有限责任两种。日本第二次世界大战前的产业组将合作社的责任类型完全授权于合作社的章程，但相互保险合作社只适用股份公司的有限责任的规定。我国香港地区根据注册官的决定确定责任类型为有限和无限。根据《香港合作社条例》第 4 条，"合作社所负之责任属有限或无限，则由注册官决定；但注册合作社若有一个或多个社员本身亦为注册合作社，则其所负之责任应属有限"。意大利的立法采用有限责任、无限责任和两合责任，《意大利民法典》第 2513 条规定了"无限责任合作社"类型，"在无限责任的合作社中，社员要以其财产对合作社债务承担责任，并且在行政性强制清算和破产的情况下，根据第 2541 条的规定，社员连带地和无限地承担补充清偿责任"，这一类型与第 2514 条规定的"有限责任合作社"相并列。我国台湾地区"合作社法"第 4 条明确规定："合作社所负之责任分为三种：有限责任、保证责任与无限责任。"但它的县级合作社组织大纲规定对于兼营业务各级合作社则一律为保证责任。

（二）《农民专业合作社法》关于成员责任的规定

《农民专业合作社法》第六条规定："农民专业合作社成员以其账户内记载的出资额和公积金份额为限对农民专业合作社承担责任。"此外，该法第四条、第五条、第四十四条也从农民专业合作社的法律地位和财产归属等方面间接地反映出我国立法对这一问题的认定。第四条规定了农民专业合作社的基本运作原则："农民专业合作社应当遵循下列原则：（一）成员以农民为主体；（二）以服务成员为宗旨，谋求全体成员的共同利益；（三）入社自愿、退社自由；（四）成员地位平等，实行民主管理；（五）盈余主要按照成员与农民专业合作社的交易量（额）比例返还。"第五条规定了农民专业合作社的独立法人地位及资本来源："农民专业合作社依照本法登记，取得法人资格。农民专业合作社对由成员出资、公积金、国家财政直接补助、他人捐赠以及合法取得的其他资产所形成的财产，享有占有、使用和处分的权利，并以上述财产对债务承担责任。"第四十三条与第四十四条规定了成员资产份额的来源，"农民专业合作社应当为每个成员设立成员账户，主要记载下列内容：（一）该成员的出资额；（二）量化为该成员的公积金份额；（三）该成员与本社的交易量（额）"；"在弥补亏损、提取公积金后的当年盈余，为农民专业合作社的可分配盈余。可分配盈余主要按照成员与本社的交易量（额）比例返还。可分配盈余按成员与本社的交易量（额）比例返还的返还总额不得低于可分配盈余的百分之六十；返还后的剩余部分，以成员账户中记载的出资额和公积金份额，以及本社接受国家财政直接补助和他人捐赠形成的财产平均量化到成员的份额，按比例分配给本社成员。经成员大会或者成员代表大会表决同意，可以将全部或者部分可分配盈余转为对农民专业合作社的出资，并记载在成员账户中。具体分配办法按照章程规定或者经成员大会决议确定"。

从以上规定可以看出，我国农民专业合作社采取的是有限责任的形式。农民专业合作社成员以其账户内记载的出资额和公积金份额为限对农民专业合作社承担责任。同时，立法也没有限制或者禁止其他责任形式。

我国立法最终采取有限责任的形式，反映了有限责任更符合我国农民专业合作社发展的现状的观点。我国的合作社还处于发展过程中，由弱小的农民组成，农业经营规模小，若采取无限责任，对农民建立或者加入合作社并利用合作社从事生产经营是不利的，过重的责任形式不适合弱承受力的农民，会打击其对合作社的信心，失去一个很好的发展平台。同时，采取有限责任的形式也符合历史的趋势，从合作社发展的历史看，无限责任的形式越来越少，而更多的是采用有限责任的形式。世界各国立法也多数采用有限责任这种形式。笔者认为，现行法律适应我国现阶段的发展现状，采用有限责任类型是恰当的。

尽管《农民专业合作社法》并未明确禁止或限制合作社采用其他责任形式，但仅涉及有限责任而不反对其他责任形式的规定在中国现实的语境下，实际上宣告了其他责任形式的不可能，包括前文述及的保证责任等形式。立法不予以正面规定，就不可能发挥其应有的作用。需要强调的是，保证责任制度可以作为现行法规定的在责任制度基础上的可选择制度，而不是替代制度，法律应许可合作社通过成员大会决议或者章程来选择有限责任或者保证责任等形式。在交易过程中，交易对方可根据农民专业合作社的责任承担类型判断合作社的实力，考虑市场风险并作出相应的选择。

第 四 章
我国农民专业合作社法治化治理问题

《农民专业合作社法》施行后，我国农民专业合作社实际数量急速增多。一方面，新成立的合作社努力实现内部治理形式的规范化、合法化；另一方面，也出现了合作社功能失灵，不能完全按照合作社法运行，甚至出现行"合作社"之名而无"合作社"之实的假合作社。本章将以山西省部分地区农民专业合作社为主要调研样本，对山西省乃至我国的农民专业合作社的法治化治理进行评析。

第一节　农民专业合作社发展概况

近年来，随着《农民专业合作社法》的颁布及修订，农民专业合作社的发展呈蓬勃发展之势。农民专业合作社联合农民个体，增强了农户的市场竞争力。农民专业合作社在引导农民实现专业化、标准化生产，开展规模化、品牌化经营，组织农民发展优势产业、开发特色产品方面发挥了积极的作用。本节以对山西省部门地区农民专业合作社调研为基础，对农民专业合作社的发展进行概述，为农民专业合作社治理的研究提供调研基础。

一、山西省部分地区农民专业合作社发展概况

（一）运城地区农民专业合作社概况

山西省运城市水土条件相对优越，经济发展以农业生产为主，在山西省农民

专业合作社成立较早、数目较多，种类丰富，为研究山西省农民专业合作社的治理提供了较好的样本。本书调研考察了运城地区合作社共9家（具体情况见附录二），了解到目前按照合作社的目的划分，专业合作社的种类主要有以下六类：

第一，主导产业科技联合社。由乡镇或实力较强的专业合作社牵头，以产业为纽带，联合5家以上的专业合作社组成。按照"12451"的模式运行，即1块阵地（100人以上的培训教室）、2支队伍（5人以上的"专家服务团"，20人以上的"乡土专家服务团"）、4次培训（每季度组织一次大型培训）、5项技术（每年要为农户提供5项以上的新技术）、百户致富（各联合社带动100人以上的社员收入增加20%以上）。目前已发展到41家。第二，种植业专业合作社。以区域特色种植业为基础，开展销售、加工、运输、贮藏以及与农业生产经营有关的技术信息服务。第三，农机专业合作社。共有381个，带动5670户农户，合作社管理人员763人，社有资产（固定资产）47412万元，以保姆式服务方式，推进耕、种、收一条龙机械作业生产服务。第四，统防统治专业合作社。共有66个，带动农户25776户，社有资产1826万元，实现效益7944.5万元。第五，林业产业服务专业合作社。例如，在双季槐的研发、推广、服务方面，组织专业团队通过电话微信、现场培训、赠送技术资料的模式为双季槐产业发展提供服务保障，共发展双季槐20万亩，占山西省发展双季槐面积的80%。第六，农业生产资料专业合作社。共有269家，同类产业通过集中购买所需生产资料，如农药、化肥、种子等来降低生产成本，提高农产品市场竞争力①。

（二）山西省临汾地区农民专业合作社治理概况

临汾市农民专业合作社的规范发展通过三方面来实现：①大力宣传。相关政府部门利用网络媒体，大力宣传合作社法和相关条例，累计印刷宣传材料30余万份，印刷农民专业合作社法律法规宣传手册5000份，《农民专业合作社法律法规知识问答》宣传纸4万份。洪洞县、襄汾县在《致富早班车》播放农民专业合作社的法律法规60余次，翼城县、乡宁县在乡镇庙会出动宣传车，刷墙体标语。通过宣传，深化农民对合作社的理解，引导农民专业合作社在遵循法律、章程的前提下规范发展。②加强培训，提高理事长及会计人员的素质。例如，在2012年9月，襄汾县进行了农民专业合作社理事长及会计的培训班，共计培训

---

① 参考运城市农经局农经站同志关于运城市农民专业合作社发展情况供稿（2016年）。

240 余人。通过加强农民专业合作社内部人才培训，提升带头人、财会人员和基层合作社辅导员的素质，从而确保合作社诚信运作。③鼓励"农超对接""农校对接""农社对接"，并且在财政方面大力扶持农民专业合作社的发展。①

（三）山西省晋城地区农民专业合作社治理概况

山西省晋城市农民专业合作社近年来实现了从无到有、从少到多，从弱到强的转变。截至 2016 年底，全市农民专业合作社发展数量达到 5741 家，入社农户 13 万户，带动农户 14 万户。合作社中从事种植业的 2340 家，林业的 723 家，畜牧业的 1961 家，渔业的 21 家，服务业的 395 家。晋城农民专业合作社的主要模式有两种：①领导领办型。很多煤炭老板转型领办合作社。例如，泽州绿成林果专业合作社、泽州县鹏菲专业合作社。②能人领办型。这种合作社主要由技术能手或经纪人领办，由于有威信，成员愿意与其一起创办合作社。合作社经过这些年的发展，经营能力增强，截至 2016 年底，有 1013 家实现统一销售农产品，682 家基本实现统一购买农业生产投入品，350 家实现了标准化生产，192 家拥有注册商标，76 家通过了农产品质量认证，45 家创办了加工实体。组织化程度不断提高。在农民专业合作社的基础上成立合作社联合社，如阳城县太行小杂粮农民专业合作社联合社，由 7 个小杂粮合作社注册登记，入社社员 1820 户，辐射农户一万余户。②

二、山西省农民专业合作社发展评析

农民专业合作社在实际运作过程中，具有很强的带动效应。在实践调研中发现，农民专业合作社的优势主要体现在三方面：

（一）带动农民增收，辐射范围广

农民专业合作社以服务农民的根本利益为宗旨，通过联合单个农民或单个农户，解决农民生产、销售等各方面的难题，增强抵御市场风险的能力。截至 2012 年 12 月底，临汾市在工商部门累计注册的合作社达到 6308 个，创建农民专业合

---

① 参考运城市农经局农经站同志关于运城市农民专业合作社发展情况供稿（2016 年）。
② 参考晋城市农业委员会同志关于晋城市农民合作社发展情况调研报告（2018 年）。

作社省级示范社 40 个，市级示范社 60 个，县级示范社 133 个。除此之外，联合社 12 个，资金互助社 22 个，17 个县市区全部完成了行政村全覆盖的任务。截至 2015 年底，运城市在工商部门注册登记的农民专业合作社数累计达 11475 家，出资总额达 143.72 亿元，成员总数达 16.26 万户。①。农业合作经济组织主要包括主导产业科技联合社、种植业专业合作社、农机专业合作社、统防统治专业合作社、林业产业服务专业合作社、农业生产资料专业合作社六类。农民专业合作社的类型多样化，服务项目多元化。在实践调研中了解到，多家合作社形成的联合社，不仅可以拉动省内农村经济增长，部分联合社的服务范围可以扩大到省外甚至国外市场。例如：调研的 ZNL 专业合作社②，其在 2011 年注册了运城市 ZNL 专业合作联合社，服务黄河金三角三省四市 1200 多个果业协会或合作社组织，受益果农达 8 万多户；万荣县 NFCP 专业合作社，产品与韩国实现对接，并且在韩国已有其合作基地。同时，通过农民专业合作社这个平台，农民享有更加及时、丰富的信息资源，如 ZNL 专业合作社建立了 ZNL 技术学院，通过培训指导，不仅加强农民与农民间的技术交流，也提高了农民专业合作社的整体运作效率。

（二）财政扶持力度大，产品培育享有税收优惠

我国是一个农业大国，国家对农业扶持力度只增不减。农民专业合作社的经营模式为农产品的生产、加工、销售提供了新的路子。随着《农民专业合作社法》的颁布施行，政府提高对合作社的关注度，并有序引导、鼓励合作社的发展，在财政、税收方面给予必要的支持，在一定程度上减轻农民的负担，减少生产成本③。

（三）注重商标保护，打造品牌

农民专业合作社为发挥自身优势，在服务方面注重品牌效应。在所调研的合作社当中，大部分合作社都有自己的注册商标，如山西省著名商标"中农乐"，"夏乐"牌西瓜、甜瓜系列产品，"圣母湖"大闸蟹，"万保牌"苹果等④。农民积极打造品牌，一方面由于自身法律素养的不断提高，这是一个好现象，通过不断优化产品，塑造产品标识，从而推动产品向高端市场迈进。另一方面，商标的申请注册促进了商标维权的发展，进而在法律问题上更加注重自身权利的保障。

---

①②③④　参考晋城市业委员会同志关于晋城市农民合作社发展情况调研报告（2018 年）。

除此之外，农民还结合当前的科技发展，将二维码运用到瓜果等产品上，通过"一瓜一码""一树一码"追溯到生产户主，从而确保产品质量，也为农民权利的救济提供了渠道。

但在调研过程中我们也发现，农民专业合作社发展过程中存在以下不足：

其一，农民专业合作社主体交易受限。《农民专业合作社法》规定农民专业合作社是一种互助性的经济组织，其具有法人资格，但又不同于公司在法律上较为明确的定位。农民专业合作社的直接服务和间接盈利的这种特点，实现了资本与劳动的结合，使其具有典型的人合性质。在实际调研中，多数合作社的法定代表人反映，由于合作社的分散性，法律层面没有明确的定位，给融资带来极大的困难，对外交易也极为不便，如夏县 FY 专业合作社的法定代表人提到，由于农民专业合作社对外不能进行银行贷款，其不得已才以公司的名义进行融资。另外，在对外交易、订立合同方面，农民专业合作社存在极大的商誉难题，相关法律的不健全，使合作社在市场交易中缺少话语权，容易给人产生内部规章不健全、结构体制不完善、对外交易不牢靠等印象，给农民的交易带来不便。

其二，经营模式的变异。在对运城市县合作社的实际调研中，出现了两种新的经营模式和管理理念，一种是合作社或者联合社成立在先，规模壮大后，再组建公司，如表 4-1 所示：

表 4-1

举例	名称	注册时间
①	ZNL 专业合作社	2005 年
	运城市 ZNL 专业合作联合社	2011 年
	山西 ZNL 有限公司	2012 年
②	夏县 HW 合作社	2007 年 7 月 27 日
	夏县 XL 专业合作社联合社	2015 年 11 月 20 日
	夏县 XL 有限公司	2015 年 11 月 20 日

另一种是以龙头企业带动合作社的成立发展，如以万荣 HY 有限公司的名义加入万荣县 HY 合作社。两种经营模式皆是基于实际考量，结合当地自然条件、人文习俗和政策变化而不断调整适应，但从理论上讲，两种模式皆存在法律漏洞，易混淆农民专业合作社与公司的性质。对农民专业合作社来说，法律对其有明确的优惠规定，如在税收、项目、财政等方面的支持和扶持，而公司却为一个

营利性的法人团体，自主经营，自负盈亏，难以避免少数人通过利用合作社壮大规模来实现为公司赢取较大利润的真正目的。虽然农民专业合作社与公司的组成人员存有交叉，但由于公司制度相对完善，因此，若没有严格的程序规范界定合作社与公司的经营内容，则会出现一些假合作社、挂牌现象或"一人二牌"。结果造成"公司+农户""农民经纪人+农户"以及农民合伙企业等多种非合作社、经济组织被归到农民专业合作社名下，其直接后果是政府的扶持政策被某些别有用心的人掌握，骗取国家资源，挤占真正合作社的生存空间①。

其三，内部管理机构形同虚设。《农民专业合作社法》第 11 条规定，农民专业合作社应当召开设立大会，并选举产生理事长、理事、执行监事或监事会成员，农民专业合作社依据章程的规定进行出资、交易和经营管理。在对运城市 9 家农民专业合作社的调研中，发展规模较大的合作社如龙头企业或者省级、市级示范点有较为完善的规章制度，设有理事会、监事会，极个别的合作社没有形式上的机构，但总体来看，合作社存在一个共同的问题，即农民专业合作社内部机构在实践当中没有发挥实际效果。由于合作社成员在出资问题上的不平等性，造成在决策方面权利与义务的不对等。几乎所有的农民专业合作社在出资方面是依靠单个农民或单户家庭，其他成员仅出资少数货币，甚至是为了满足合作社的成立人数限制而去"凑数"。在合作社经营决策时，"一人说了算"成为常态也成为趋势。成员之间有定期的交流，但却少了权利义务的约束，合作社内部管理具有随意性和不规范性。另外，农民对于法律的认识不足，仅以获得利益作为"谈判"的立足点，这使得"大股东"成为实际控制人，在合作社的运营方面发挥核心甚至决定性的作用，加之监督机制的缺乏，使得收入分配不公，农民个人的利益更难以得到保障。

其四，金融信贷与农业保险制度滞后。农民专业合作社的发展离不开相关外部制度与政策的支持。合作社的规模发展，需要金融机构的支持，银行比较支持农业，可以给农民、农业企业贷款，但给合作社贷款就贷不出来。调研中发现，晋城市开展了小麦、玉米、能繁母猪等中央财政支持的政策性农业保险险种，尚未开展地方特色农业产品的保险险种。新型经营主体要面对自然风险和市场风险的双重考验，严重影响了发展农业的积极性②。

---

①② 蒋颖. 中国农村合作社法律制度发展研究 [M]. 北京：中国农业科学技术出版社，2009：69.

第二节 农民专业合作社内部治理

对合作社的治理，学界并无明确的界定。法学理论中探讨的公司治理有广义、狭义之分。广义的公司治理包括内部治理与外部治理，狭义的公司治理仅指前者。① 合作社的治理也可分为内部治理与外部治理，内部治理主要依据法人治理的原理，通过内部意思机关、执行机关、监督机关的运作，实现成员的利益最大化。合作社的外部治理不同于公司，往往涉及政府的扶持政策、市场提供的金融政策及保险制度等。内部治理为组织治理的核心问题，本节主要探讨农民专业合作社内部治理问题。

一、我国合作社内部治理结构存在的问题

（一）合作社内部成员权利意识不强

合作社内部成员权利意识不强，构建真正意义的合作机制尚需时日。合作社最本质的特征是成员与合作社之间存在内部交易，但合作进行外部交易。但是就我国合作社发展现状来看，往往存在合作社与农民之间关系的疏离，合作社内部成员之间难以建立起真正意义上的合作机制。调研中也发现，很多专业合作社与成员的内部交易方式是订单式的，无论在生产资料的供应环节，还是在产品销售环节，极少存在利润返还和按照交易额返还，而多采取"价格优惠"和"售前结算"的经纪人方式，二次分配机制普遍没有建立。"一次买断"的做法导致多数社员没有把自己真正融入专业合作社中，没有和合作社进行全程合作，也不存在共担风险，更不会实质性地参与合作社的决策、管理和监督，合作社内部成员之间难以建立起真正意义上的合作机制。

---

① 李建伟. 公司法法学 [M]. 北京：中国人民大学出版社，2018：265.

（二）管理制度不完善

《农民专业合作社法》对合作社的各项组织机构做了原则性规定，具体规则由合作社章程来完善，类似于公司章程，合作社章程也应当体现全体成员的共同意志，由成员民主表决通过，各合作社也可以根据各自的特点和需要约定组织机构的形式。但从调研及收集的资料来看，有相当一部分合作社的章程不够规范，有的流于形式，有的章程没有规定实质性的内容。这是由于当初设立合作组织时立法的缺失，不少合作社是参照国际合作社的原则和一些示范性章程建立起来的，还有的是由合作社的发起人拟定的，他们对合作社的治理也没有经验，因此成立以后都出现了各种各样治理结构上的问题。有些合作社没有设立相应的组织机构，有的设立了，却没有切实履行相应的职责。除此之外，立法没有要求建立审计制度、财务公开等制度，造成有些合作社财务制度不健全，合作社运行的透明度低，社员的权利无法获得有效的行使。

（三）组织机构滥用权力

在农民专业合作社治理过程中，存在的典型治理问题是权力行使失当，主要表现为以下情形：

1. 成员大会权力的滥用

成员大会的权力也可能被滥用。在我国很多情况下，大多数合作社成员尤其是中小成员并不了解合作社及相关生产、供销等问题，而且其加入合作社又往往没有投入更多的资本，加之民主参与意识、权利意识还不够强，因此，很多成员受到"核心成员"的影响很大，往往出现"选举不过是确认，讨论不过是告知，监督不过是附议"的现象，很多人滋生出偷懒动机，存在"搭便车"的思想，并不真正关心合作社的经营决策和发展，对合作社的日常经营管理事务缺乏兴趣。但由于其享有一人一票的权利，因此，在表决时其可能会存在不负责任的随意表决和无谓的弃权。在合作社的经营决策以及监督当中，成员大会流于形式，无法有效地发挥作用。成员大会权力的滥用，对合作社的发展极其有害，也是催生理事及经理层权力滥用的一个原因。此外，成员大会权力的滥用，也是成员权未有效行使的表现。

2. 理事会权力的滥用

理事长和理事所享有的对合作社的治理权仅次于成员大会的决策权，这种权力包括对经营管理事项的决策权和对经理层的任免权等，如果没有良好的约束机制，其所带来的危害将是非常大的。

我国现今农民专业合作社大多由龙头企业、专业大户牵头，据农业部统计，依靠农村中"能人"领办的合作社已经占所有合作社的60%以上。它们具有规模优势、信息优势以及人才优势，其成员一般依赖于这些龙头企业的负责人和专业大户，使得这些龙头企业的负责人和专业大户在成员大会选举的时候很容易成为合作社的理事甚至是理事长。当然，从管理素质与经营素质来看，这些人的确都是最能胜任合作社理事的人选。但是有一点不能忽视，他们都有自己的实体，大部分又都是独立于合作社但又与合作社义务紧密相关的企业，这种情况下，谁能保证合作社的理事长不会以权谋私呢？当人们手中握有的权力能够为自己的私利带来更多的收益时，仅靠信任和道德上的约束或许不能完全解决问题。然而我国现有的相关法律法规对理事长和理事的约束规制并不全面，约束机制还非常不健全。在这种内部监督不到位的情况下，成员大会往往会屈服于理事长和理事的强权，享受着合作社能够带给他们的微薄却稳当的收益，并不会也不可能去为自己及合作社争取更大的权益。在我国很多合作社，一股独大或多股独大的现象就非常严重。由于成员大会并非合作社的常设机构，凡事都要求召开成员大会，"民主管理"成本是相当高的。合作社实际运行中也很少出现投票的情况，一般都是由理事会成员协调决定的，因此，理事会滥用权力的可能是非常大的。

3. 经理权力的滥用

聘请专业的管理人员作为经理负责合作社业务的经营管理，能够避免普通成员管理中因缺乏专业管理知识与投资的风险意识所带来的弊端，从而更能适应现代化的市场竞争，是合作社在现代市场经济竞争中立足的保障。但相对而言，经理层滥用权力的可能性比理事会更大。经理多为聘任制，一般不是合作社的成员，合作社主要是为合作社成员服务的组织，其利益往往与经理的个人利益没有很大关系，而且通常情况下经理的薪酬与合作社管理的好坏和盈利状况完全没有关系；对经理无法达到激励和刺激。对于那些由成员担任管理人员的合作社，对其经理实行的是不计报酬或低报酬的、业余时间工作的荣誉性职务制度，这种制度更加不利于激发管理者的潜能。与此同时，经理却掌握了合作社运营管理的权力。激励机制的不健全使经理很难有持久的热情和动力去关心合作社的长远发展，相反，监督约束机制的欠缺则会使他们设法利用自己掌握的控制权与信息资源优势去实现自身的私利。经理滥用权力与合作社的薪酬机制有关，与经理具有商人的本性有关，更与合作社治理当中的监督约束机制有关。

4. 内部人控制

内部人控制是研究公司治理结构时常用的一个概念，合作社中同样存在内部人控制的问题。它是指合作社内部拥有优势股份的领导人利用自己掌握的大部分决策控制权，在日常决策和经营活动中为谋取自身利益，损害大部分普通社员利益的现象。由实力强大的发起人与资金短缺、缺乏技术、不懂管理的弱势农民成员组成的合作社，成员具有明显的异质性特征，利益诉求也存在差异，在团体中形成统一的意见与决议变得困难。农民成员对权利的漠视，发起人（往往是管理层）面对巨大利益吸引，导致管理层之间很容易形成利益共同体，从而产生了内部人控制的问题。内部人追求的是其自身利益的最大化，而不是所有者利益的最大化，必然引发信息披露不规范、财务关系透明度低、短期行为严重，最终会影响到合作社的发展和广大农民的利益。

5. 监事会权力的虚化

我国《农民专业合作社法》规定监事会不是法定设立的机构，加之在合作社中，监事会的成员往往由兼业的农民成员担任，管理素质不高，专业知识比较缺乏，这些农民从业务素质上、时间上和精力上都难以保证履行好监督职责。另外，监事基本上是事后监督，其监督手段又十分有限，监事会与监事的职责难以履行，造成监事会或监事的监督作用难以发挥。根据现行法律的规定，监事会无权以合作社名义聘任会计师进行审计，也就难以对合作社的财务状况和理事、经理行为进行监督。监事会无权任免理事会或经理班子的成员，无权参与和否决理事会和经理班子的决策。因此，事实上，即使理事会和经理有违规违法行为，监事会也不敢监督或不能监督，最终导致监事会的监督职能落空或难以实现。

之所以在我国农民专业合作社发展过程中会出现如此多的治理问题，原因值得深思。

首先是源于对市场经济环境下的合作社缺乏正确的认识。从中华人民共和国成立后合作社发展的历程来看，我国合作社发展走过弯路。一开始，人们对于市场经济环境下重新出现的合作社还缺乏真正的认识。"本原意义的合作社"应当是充分意思自治，成员积极参与、民主管理，而进行了多年土地承包经营的农民，似乎未能充分融入这种新型的市场主体构建中。其次中国农民专业合作社现行制度尚不完备。我国合作社立法采用保守立法，先规定了"农民专业合作社"，之后取消了"同种类农产品生产及服务"的限制。但是，立法的变化代表的是部分先进的典型，而有的农民专业合作社还未能充分跟进立法变化，进行调整。所以，不少成员参与合作社的积极性不高，因为发展初期的合作社确实存在服务内容单一、经营规模小的特点。为此，针对我国合作社发展的实际情况，完善我国合作社的治理结构，最为关键的是要建立社员民主参与的治理结构。

二、农民专业合作社治理结构的完善

（一）社员大会制度的完善

随着合作社的发展壮大，所有权和经营权分离的程度会逐渐增大，类似于公司法人，权力发展会出现"股东大会中心主义"向"董事会中心主义"再到"经理层中心主义"的转移，合作社权力也会从社员手中转移到理事会，进而转移到聘用的管理人手中的趋势。因此，合作社立法不应该止于对成员大会最高权力机构地位的确立，应赋予社员大会更多的权力，并在程序上清楚地阐明社员的权力以及如何履行这些权力。

首先，要对成员大会的职权予以明确，赋予其对合作社所有事务的最高决策权，包括：人事（理事、监事）任免及报酬的确定权；合作社的经营方针、经营方案的决定和变更的决策权；合作社的财务预算方案、亏损弥补方案、盈余分配方案的表决通过权；涉及成员重大利益（如合作社的合并、分立或者解散，章程的修改等）事项的决定权。凡是这些重大事务都应当由成员大会所决定，任何其他的机关如理事会等都不能代替成员大会行使这些职权。

其次，设立成员大会代表制度。因为成员大会并非常设机构，特别在规模大的合作社，召开成员大会成为一件相当耗费成本的活动。而且合作社的中小社员人数众多，集体行动的逻辑使社员难以采取一致的行动监督代理人的行为，需要寻找某种制度安排来打破集体行动的"囚徒"困境。有效的社员代表制度可以降低在每一个层次需要协调行动者的人数，有利于集体行动的实现。[①] 因此，各

---

① 马彦丽等. 我国农民专业合作社的双重委托代理关系——兼论存在的问题及改进思路 [M]. 北京：农业经济问题，2008：5.

国多建立成员代表制度，通过完善社员代表制度，通过层级选举，使民意能够最大限度地得到表达，如《瑞士债法典》第892条规定，"合作社社员超过300人或者合作社内部大部分社员又构成合作社的，经章程规定，可以授权代表大会代理全部或部分社员大会权力"。在德国，社员人数超过1500人时可以或超过3000人时必须设立社员代表大会。我国法律的规定是，成员超过150人的可以设立成员代表大会。立法的表述依然是"可以"而非"必须"，这就导致很多合作社出于简化的考虑而不设立代表大会，造成成员意见表达的拖沓。因此，特别是在规模比较大、成员数量比较多的合作社，强制设立成员代表制度是非常有必要的。

最后，建立有效的信息披露制度。没有有效的信息披露制度，社员对合作社的经营绩效、管理层经营决策过程等重要信息掌握不充分，就会造成社员及社员大会履行职能的前提缺失。

（二）理事制度的完善

为防止理事长滥用权力，应当对其权力范围进行限定。对于理事及理事长的职权范围，《农民专业合作社法》并没有规定。一般认为，合作社的理事（长）行使的职权包括：①主持社员大会和召集、主持理事会会议；②检查理事会决议的执行情况；③对外代表合作社从事交易；④对经营活动中重大事项的决策权。问题的关键在于，法律应该要求合作社在章程中明确何谓"经营活动中重大事项"。合作社应当依据自身规模的大小，通过合作社章程规定理事长对外活动中，对多大标的合同以及处置合作社财产的行为拥有自己决策的权力，超过一定数额的必须经过成员大会的决议同意。否则，成员大会可以追究理事长的个人责任，同时可以据此罢免理事长的职务。

除了对理事权限的明确外，还有一个非常重要的制度就是对理事等高管人员的竞业禁止和对关联交易的限制。竞业禁止是指禁止从事同业的竞争性行为。对此《农民专业合作社法》第三十七条规定，农民专业合作社的理事长、理事、经理不得兼任业务性质相同的其他农民专业合作社的理事长、理事、监事、经理。这种竞业禁止可以使得这些高管人员将精力集中在本合作社的经营和发展上，也避免出现其利用一方的资源为另一方谋利的情况。但是，在合作社中更容易出现的一个问题是，高管人员利用关联交易为自己谋利。合作社的理事会成员、监事会成员及经理等高级管理人员拥有经营的决策权和执行权，他们在很大程度上实际控制着合作社的运营，因工作关系可以接触很多合作社经营的秘密，而这些人又往往是有着农民身份的农村致富能人及农民之外的"从事与农民专业合作社业务直接有关的生产经营活动的企业、事业单位或者社会团体"，他们往往资金雄厚，极有可能原来主营的产业与农民专业合作社存在上下游的关系，其利用在合作社中的特殊地位，借合作社经营之名，行致自己致富之实的事件就很有可能发生。因此，对这些具有特殊身份的人员行为必须要实行一定程度的约束。可以规定农民合作社的高管人员不得利用职务之便与其自营的经济实体进行关联交易。或者引入理事回避表决制度，即农民合作社理事与理事会会议决议所涉及的与其经营的特定经济组织有关联关系的，不得对该项决议行使表决权，也不得代理其他理事行使表决权。该理事会会议由过半数的无关联关系理事出席即可举行，理事会会议所作的决议须经无关联关系理事过半数通过。出席理事会的无关联关系理事人数不足三人的，应将该事项提交成员大会审议。引入理事回避表决制度，是保证理事不滥用理事权力谋取私利的一个重要的制度设计①。

（三）监事会制度的完善以及完整监督体系的建立

首先，要强制设立监事或执行监事。在我国，农民专业合作社的实践经验不足，对农民专业合作社内部权力结构及其配置的法律意识还比较淡薄，《农民专业合作社法》对监事机构采取的任意设置的立法方式，无疑会造成绝大部分合作社不设置监事，或即便设置也是虚位的漠视现象。因此，笔者建议，法律应当将设立监事会或者执行监事作为法定事项，用以监督合作社的业务情况，以免出现理事、管理人员滥用权力及内部人控制等问题。同时应当明确监事会或执行监事直接向合作社成员大会负责，而不受制于理事会。至于到底应该设立监事会还是执行监事可以由合作社章程规定。如果合作社规模较小，没有必要设立监事，也可以建立内部审计或者委托审计制度加以代替。

其次，需要为监事事务提供资金保障。为了保障监事会独立、有效地行使监督职权，不受成员大会、董事、经理的干涉与制约，这就要求为监事会行使监督权提供一定的经济保障，对监事会实施监督所必需的费用来源应作出合理的安排。监事会如无独立支配的资金，经济上的不独立必然使得监事会不得不受制于成员大会或经理，以求得资助。另外，为了避免监事因为需要自付监督费用而不

---

① 蒋颖. 中国农村合作社法律制度发展研究 [M]. 北京：中国农业科学技术出版社，2009：103.

履行职责，可以借鉴《公司法》赋予监事会"签单权"的规定。《公司法》第五十四条第二款规定，监事会、不设监事会的公司的监事发现公司经营情况异常，可以进行调查；必要时，可以聘请会计师事务所等协助其工作，费用由公司承担。

最后，除了监事制度的建立，还需要建立完整的监督体系。合作社的监督不能仅依靠监事会，还应充分发挥其他监督主体的监督功能，有必要建立一个完整的监督体系。这一体系，除了监事会的监督，还包括：①成员的监督。合作社成员对经营者的监督是全方位的，通常主要是通过成员大会或成员代表大会来行使自己的监督权，但社员也可以自己的名义监督，如要求查看理事会决议等，成员直接诉讼，成员甚至可以选择退出合作社，"以脚投票"行使监督权。②成员大会的监督。成员大会是合作社的最高权力机构，这个权力也是对合作社最高的监督权，具有最高的权威性。充分调动成员、成员大会形成一个完整的监督体系，合作社的治理中才可能尽量避免出现因为监督不到位而导致的种种问题。

（四）经理制度的完善

在合作社根据自身经营规模的大小及需要决定设立经理岗位之后，为防止经理滥用权力，首先需要做的就是强化经理的义务与责任，并明确经理的代理行为的法律后果。明确规定经理的性质和法律地位是理事会的代理人，经理是附属于理事会而非独立于理事会之外的另一公司机关，其权力来源于理事会，理事会对经理有绝对的控制权，必须以此为出发点明确经理的权力，适当缩小经理职权，并规定经理人员因故意或重大过失而导致合作社、合作社的成员及利益相关人损失时的个人责任的追究。除此之外，也要为经理人员建立激励机制，以鼓励经理勤勉、诚信地工作。

第 五 章
农民专业合作社成员权问题

　　国内研究农民专业合作社治理的许多文献虽涉及农民专业合作社中的成员权，但对合作社成员权的性质及行使研究尚不够深入。本章将在厘清合作社成员权性质的基础上，对成员权的运行进行实证分析。

第一节　农民专业合作社成员权的界定

一、农民专业合作社成员权的性质

　　农民专业合作社成员权是成员权的下位概念。"成员权"在德语中为"Mit-gliedschaft"，规定在《德国民法典》的第38条。我国学界对"Mitgliedschaft"一词翻译上的差异也导致对成员权的性质理解的分歧。① 本书对成员权的基本法律属性界定如下：

　　第一，成员权是存在于团体组织中的独立的民事权利，它的特殊性源于它存在于团体之中。合作社是人合性的经济自助组织，成员权具有相对性，只能部分加以区分地转让。成员作为合作社的一分子，是合作社的组成单元，但隶属于合作社的同时又是合作社的主人，也就是说，每一个合作社成员相对于合作社来说有着客人

---

① 任中秀. 德国团体法中的成员权研究 [D]. 济南：山东大学，2014. 第一章 "成员权词源考证及其存在的团体法基础" 中的第一节 "德语 Mitgliedschaft 的翻译问题"，作者在该章节从 "Mitgliedschaft" 的词源、翻译的差异及造成翻译差异的原因等多个方面的研究得出结论，应该放弃 "社员权" 的说法，改用 "成员权"。

和主人的双重身份①，这与仅仅作为公司投资者的股东是有区别的。所以农民专业合作社成员权从性质上看不是个人法上的权利，而是团体法上的权利。

第二，"成员权不仅是权利，也是法律关系，二者并不矛盾"。② 日耳曼法上对权利的理解既包含权利，也包含义务。关于权利的理解有两种观点，狭义的权利不包含义务，广义的权利包含义务。关于"社员权"的理解上存在着学理上"社员资格说"③"社员地位说"④"权利义务集合说"⑤和"权利说"⑥的分歧。其实，"地位说"和"权利义务说"并没有本质的不同，只是侧重点不一样而已。但权利义务说更能解释成员权的本质，单纯强调地位不能反映出成员权的内容。成员权应该包含义务，因为成员权是基于成员的地位而产生的，而拥有某一种地位，不能只强调地位之上的权利，地位上的义务也应属于地位的应有之意。虽然现在的立法中没有成员权可以转让和继承的相关规定，但类比民法中转让和继承的原则，应该是权利和义务不变，自动换人而已。但成员权如果不包含义务将无法解释成员权的受让者在接受权利的同时也需接受同等的义务。⑦

第三，"成员资格可以被评定为权利，它是由一个'权利（权能）束'所组成的特殊权利"。⑧但成员权不同于成员权利即具体的成员权能。成员权是一个多面、多层次的权利义务综合，成员权存在于不同成员之间，也存在于普通成员和管理层成员之间，还存在于成员与合作社之间，所有这些主体间权利和义务的交叉组合形成了一个"权利束"。

综上所述，农民专业合作社成员权包括合作社成员的所有具体权能和义务，如图5-1所示。其中，具体权能包含"参与权""信息权""财产权"和"自由选择权"；义务（此处的四项义务是合作社中的法定义务，根据立法成员可以在协商一致的条件下约定其他义务）主要是"出资义务""执行决议的义务""与本社交易的义务"和"承担亏损的义务"。⑨

———————————————

① 姚梦. 我国农民专业合作社成员权利研究 [D]. 北京：首都经济贸易大学，2010.
②⑧ 任中秀. 德国团体法中的成员权研究 [D]. 济南：山东大学，2014.
③ 郑玉波. 民法总则 [M]. 北京：中国政法大学出版社，2003：229.
④ 李宜琛. 民法总则 [M]. 北京：中国方正出版社，2004：110.
⑤ 史尚宽. 民法总则 [M]. 北京：中国政法大学出版社，2000：226.
⑥ 谢怀栻. 论民事权利体系 [J]. 法学研究，1996（2）：67-76.
⑦ 曾文革、王热. 农民专业合作社法关于社员权相关规定的缺失与完善 [J]. 法治研究，2010（6）.
⑨ 特此说明，下文在对农民专业合作社中成员具体权利的行使现状和义务履行现状的实证分析中涉及的权利和义务皆属于此处对农民专业合作社成员具体权能和义务的划分范畴。

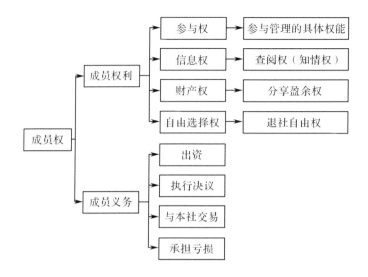

图5-1　成员权框架结构

二、农民专业合作社成员权的特点

农民专业合作社成员权存在的前提是成员能力，根据合作社法的规定，农民专业合作社的成员主要由农民构成；成员权作为一种独立的民事权利，具有可转让、可继承的特点。

第一，农民专业合作社成员能力有其自身的特点。《农民专业合作社法》第19条规定："具有民事行为能力的公民，以及从事与农民专业合作社业务直接有关的生产经营活动的企业、事业单位或者社会组织，能够利用农民专业合作社提供的服务，承认并遵守农民专业合作社章程，履行章程规定的入社手续的，可以成为农民专业合作社的成员。但是，具有管理公共事务职能的单位不得加入农民专业合作社。"① 该规定的核心内容是在我国可以成为农民专业合作社成员的民事主体的身份条件，即成员能力问题。

合作社法实际上对成员的加入提出了多方面的要求，但是我国立法允许个人

---

① 农民专业合作社属于服务型的合作社，是社员为了相互提供经济或者其他生活服务而共同出资组成的团体，其主要经营内容就是提供服务，再鉴于专业合作社的私法人、社团法人和中间法人（日本法上将非营利法人分为公益法人和中间法人）的法律性质，具有管辖公共事务职能的单位不宜加入农民专业合作社。

和组织成为合作社的成员，具体而言，主要以农民为主，组织则只包括企业、事业单位或者社会团体。在此基础上，合作社法对成员的结构进行了限制，[①] 以求在立法上保证农民占全体合作社成员的大多数，从而让农民能更好地参与合作社的管理和运营，虽然实际的运行状况并不能遂愿，但在立法上这样规定是值得肯定的，也较符合我国经济发展的实际情况。我国农民专业合作社成员身份结构如表 5-1 所示：

表 5-1　我国农民专业合作社的成员身份结构

成员条件 身份结构		公民·农民	公民· 非农民	企业、事业单位或者 社会团体
加入 条件	共同 条件	能够利用农民专业合作社提供的服务，承认 并遵守农民专业合作社章程，履行章程规定的入社手续		
	独特 条件	具有民事行为能力	具有民事 行为能力	从事与农民专业合作社业务 直接有关的生产经营活动
成员身 份证明		户口簿； 居民身份证和土地承包 经营权证或者村委会 （居委会）出具的身份证明	居民 身份证	企业法人营业执照 或者其他登记证书
成员结 构限制		农民至少应当占成员 总数的80%	—	合作社成员总数≤20人， 可以有一个；成员总数>20 人，不得超过成员总数的5%
				两者相加不得高于成员总数的20%
注：具有公共事务管理职能的单位不得加入农民专业合作社				

第二，农民专业合作社成员权具有可转让性和可继承的特征。关于农民专业合作社成员权的可转让性，我们认为德国立法具有启示意义。《德国民法典》第38条关于成员资格的规定明确表示社员资格是不可转让和继承的。社员资格的权利不得被交给他人行使。但是《德国民法典》第413条关于债权转让的规定突破了第38条的规定。第413条的规定为"关于债权的转让，准用于其他权利的转让，但法律另有规定的除外"，若成员权即成员资格被认定为一种权利，就可

---

① 《农民专业合作社法》第20条规定，农民专业合作社的成员中，农民至少应当占成员总数的百分之八十。成员总数二十人以下的，可以有一个企业、事业单位或者社会组织成员；成员总数超过二十人的，企业、事业单位和社会组织成员不得超过成员总数的百分之五。

以适用上述规定，可以被转让。农民专业合作社成员权是成员基于身份资格而产生的，前述已经说明其是一项独立的民事权利，其转让具有可能性。其他国家如美国和韩国关于成员出资"准会员"的规定，也一定程度上突破了合作社人合性。如果基于合作社的人合性的紧密而对成员资格转让采取谨慎态度，但是"准会员"仅仅只收取股金的利息作为报酬，不享有表决权，不参与合作社的管理，仅仅是合作社融资的对象，那么禁止这种成员资格的转让显然是不合理的。

成员权既然可以被转让，当然也可以被继承，因为继承较之转让，风险更小，难度更低。合作社成员死亡的，其继承人可以在一定期间内选择是否继承被继承人的成员资格，享有同等的权利和义务。这种继承不会导致合作社的本质变动，也有助于合作社成员结构的稳定，一味地排除继承不仅会影响合作社的规模，在农村这样的熟人社会里也会造成社员之间的矛盾，最终不利于成员合法权益的保护。

综上所述，农民专业合作社成员权是依附于成员资格而独立存在的民事权利，且农民专业合作社成员权是团体法上的权利。农民专业合作社成员权不仅是权利，也是法律关系。农民专业合作社成员与成员之间、普通成员与管理层成员以及成员与合作社之间形成的全部权利和义务的总和即农民专业合作社成员权，它是一个错综、复杂、变化的权利束。我国的个人、企业、事业单位和社会团体原则上都有权力加入农民专业合作社，成员权不是静止不变的权利，是可以转让和继承的。

第二节　农民专业合作社成员权利行使之实证分析

"社会各方面力量的积极参与使农民专业合作社经济组织获得了较快的发展。但在允许多种力量参与兴办的同时，要保证农民成员真正成为本组织的主人，有效地表达自己的意愿，防止他人利用、操纵农民专业合作社组织。"① 国家希望通过立法的规定引导合作社的健康发展，但理论和现实之间始终存在着差异，有些农民专业合作社成员权利在法律制度的设计内被正常行使，但也存在法律失灵

---

① 关于《农民专业合作社经济组织法（草案）》的说明 ［EB/OL］. http：//www. npc. cn/wxzl/2006-12/05/content_ 5354949. htm，2016-05-01.

的现象。

一、农民专业合作社成员权利行使的现实考察

法律的应然状态和实然状态之间的差异永远都是法律本身无法避免的问题。合作社运行即表现为农户在现实社会中发展出了一套"默契契约"，即农民专业合作社运行的民间规则。实然的权利表现与行使和应然的法律规定之间存在一定的差距。为了探求成员权的"真容"，本书对山西省部分农民专业合作社展开了社会调查。① 本章的主要目的就是结合调查的结果和其他既有研究的文本资料，完成对农民专业合作社成员权实然状态的描述。

（一）参与权

参与权属于成员权的核心权能之一，现行立法中规定的参与管理权包括"参加成员大会权""选举权和被选举权""民主管理权""表决权"和"提起召开临时大会权"。这些具体的权能作为所有权能中最为核心的部分，直接关系到成员是否能真正成为合作社的"主人"。参与权的行使关系到合作社的诸多根本性组织设置和运转问题，笔者将结合调查记录和其他间接资料对上述参与权中的具体权能逐一展开论述。

第一，"参加成员大会权"是合作社成员参与合作社重大事项决议的重要途径。下面是针对"参加成员大会权"行使的访谈记录。

访谈一　（访谈对象为合作社9② 负责人）

问：合作社何时成立的？

答：2009 年成立。同期成立公司（早于合作社成立）。（备注：据查，公司晚于合作社成立，是 2011 年成立的。万荣县金丰水产科技有限公司，2011 年 12 月 12 日成立，经营范围包括大闸蟹、经济类淡水鱼、虾等水产品生态池塘育苗、示范养殖、相关技术开发及推广等。）

---

① 课题组针对山西省运城市部分农民专业合作社的调查工作，历时 3 天，共走访了 9 个合作社，合作社的类型包括果树种植、蔬菜种植、中草药种植、水产养殖、农机服务和技术服务联合社。受调查时间限制，调查对象数量有限，但也反映出部分至少是运城地区合作社存在的问题。
② 此处及下文出现的合作社编号与附录二中的合作社编号一致。

问：合作社成员有多少人？

答：有 50 多人。

问：合作社是否存在村民挂名的情况？

答：因为你们是学术研究，客观地讲，存在。

问：合作社是否召开成员大会？

答：开会就是技术培养。

访谈二（访谈对象是合作社 8 负责人）

问：合作社是否召开成员大会？

答：开会主要是新品种介绍，提供免费的技术指导、培训。

访谈三（访谈对象是合作社 8 普通成员）

问：什么时候入社的？

答：前年入社的，买了别人的 4 个棚入社的，之前没有种大棚。

问：合作社召开过大会吗？

答：主要是培训，有的时候去，有的时候忙就不去了。

问：入社后是否对种植、销售有好处？

答：当然有。效益不好的时候，合作社帮助运走销售。另外，去买肥料、农药时，合作社成员也有优惠。

访谈四（访谈对象是合作社 7 负责人）

问：合作社召开成员会议吗？

答：不开会，有事电话联系。

在调查过程中，我们发现当问及成员大会的召开情况时，基本都得到了肯定的回答，但是肯定的方面主要集中在成员大会的确召开了，问题表现在成员大会的内容基本都不是重大决策问题的讨论。从访谈的内容我们可以发现，成员大会的召开不是为了决定重大事项，而仅是对成员进行技术的培训，这种现象普遍存在。通过访谈内容我们得出结论：运城地区合作社成员大会的召开主要目的是新技术培训或者品种介绍等，但基本上不涉及合作社管理重大问题的决策；而普通成员对于成员大会的态度是比较松散的。比如记录中提到的农忙的时候就不去参加了，所以去不去参加成员大会实际上不太影响农户实际的经济利益。甚至有的合作社直接以电话的形式替代了大会的形式，而且这种电话联系表现为合作社负责人单线逐个联系成员。

第二，"民主管理权"的行使状况成托管状态。王伦刚副教授在对四川省的合作社调研①中统计出调查对象对合作社运营的关心情况：在对"你是不是经常关注合作社的经营状况并提出意见？"这一问题的回答中，表现出骨干成员和普通成员的两极分化，28.27%的普通成员的回答是"非常少"，而回答"非常多"的普通成员只占所有普通成员的9.52%；相比之下，骨干成员中"非常多""较多"关心合作社运营的比例合计达到了50%。《合作社法》规定成员大会是决策机关，但那些骨干成员却实际上掌握着合作社的日常运营管理大权。农民参与是专业合作社的应有之义，但鉴于农民的参与能力、参与积极性和参与空间等因素的影响，一般普通的成员不怎么关心合作社的经营状况。值得注意的是，不论是在其他学者的既有调查数据中，还是从笔者亲自走访的运城地区合作社的调研情况中，都发现明显存在这种骨干成员与普通成员参与管理两极分化的现象。

我们认为，合作社普通成员的民主管理权已经普遍地委托给了骨干成员（一般是合作社的负责人、理事会成员、懂技术能手等）。根据日常生活的经验和逻辑，我们可以知道合作社的日常管理事务需要一定的能力。在这一点上，骨干成员要远远超过普通成员。合作社的管理人员包括理事长、监事长等都需要懂技术，或者需要一定的社会资源和个人能力。合作社领导人的标准就是"有技术、有能力、讲诚信"，这样普通成员才会把合作社的事务托付给骨干成员。然而这种托付并没有书面的授权委托书，但这种托付一旦完成也意味着普通成员内心对骨干成员的认可，大体上可以看成合作社领导民间权威的建立，这种民间权威一旦建立起来就比较稳定。另外，骨干成员最初从事合作社的管理工作是没有工资的，这也让很多普通成员望而却步。通过这种委托，普通成员一般不参与合作社事务的决策，骨干成员就成为合作社的实际管理者。

第三，"表决权"相应地演变成圈层式的推广决策机制。当理事长（或者大股东）实际上已经做出某一具体决定后，然后再召集成员，说服他们跟着自己

① 王伦刚. 中国农民专业合作社运行的民间规则研究——基于四川省的法律社会学调查 [M]. 北京：法律出版社，2015：170.

干，这样则完成了整个决策过程。也就是说，决策的过程实际上多表现为由上而下的说服过程。

也正因为如此，在调查和文本研究过程中，发现附加表决权似乎失去了存在的土壤。合作社遇事决策时总是一人一票，或许因为大股东是合作社管理者的情况下，大股东们根本不需要这种基于股份数额的表决权。

第四，在本次调查对象中，部分受调查的合作社负责人表示，最初成立合作社就是大股东拉拢其他成员（合作社法规定成立合作社最低人数要求是 50 人），所以在这种情况下，合作社成立之后，合作社的负责人"顺理成章"地就是大股东。"选举权和被选举权"行使也很随意，因为一般大股东是合作社的发起者，对于建立合作社的愿望最强烈，对于合作社到底怎么操作可能也是最清楚的，毕竟被拉来充数的那些成员没有强烈的欲望，所以他们一开始对于合作社其实并不怎么关心；一般牵头成立合作社的大股东也是资金相对雄厚，各方面资源都相对丰富的人。上述原因导致在农村这样一个熟人社会里，成员之间故意阻挠对方"选举权和被选举权"的行使的情况并不多见，因为并不需要这样做，"谁有能力当选，应该选谁"这种问题在农民心里似乎是如此的明显。

（二）信息权

成员的信息权在专业合作社法中具体对应的法定权利就是知情权（查阅权），指的是成员有权查阅合作社的相关资料，如合作社章程、成员名册以及财会报表等。然而，普通成员对此并不是那么热衷，下面是一份调研统计表[①]（见表5-2）：

表5-2　合作社成员查阅权行使情况统计

成员查阅的文件类型	骨干成员	占骨干成员总数12人比	普通成员	占普通成员总数26人比
A. 章程	7	58.33%	11	42.31%
B. 成员名册	8	66.67%	8	30.77%
C. 成员大会记录	6	50%	5	19.23%
D. 理事会会议记录	8	66.67%	5	19.23%

① 王伦刚. 中国农民专业合作社运行的民间规则研究——基于四川省的法律社会学调查 [M]. 北京：法律出版社，2015：180.

续表

成员查阅的 文件类型	骨干成员	占骨干成员 总数 12 人比	普通成员	占普通成员 总数 26 人比
E. 监事会会议记录	3	25%	3	11.54%
F. 财务会计报告	6	50%	5	19.23%
G. 会计账簿	5	41.67%	5	19.23%
以上文件均未查阅	0	0	11	42.31%

从表 5-2 调研数据中我们可以发现，普通成员对于信息权的冷漠：从不查阅任何文件的比重高达 42.31%，而在骨干成员中不存在"以上文件均未查阅"的情况。从查阅权的行使状况我们可以得出普通成员行使自己信息权的意识很淡薄。这种淡薄，让立法者希望通过赋予普通成员查阅权对大股东起到监督作用的设想基本上"付诸东流"，而这反过来让合作社严重分化的管理模式更加稳固和严重。

（三）财产权

成员权中还有一个非常重要的权能就是财产权，反映在专业合作社法中应是"分享盈余权"，有学者将其称为"盈余分配请求权"也未尝不可，但"分享盈余权"的表述更能体现出合作社作为一种互助组织的性质。准确地说，获得利益是具体权利，但参与盈余分配方案的制定是成员权的内容，因为参与盈余方案的制定不仅是权利也是义务，它关系到合作社的核心财产分配，是获得利益的制度基础，在制定好这个基础制度之后，成员才得以享有分享盈余的具体权能。对于农民专业合作社这种服务性质的合作社来说，其年终按交易额所分配的盈余，实系当年来自对社员"少付"或"多收"的价款，乃属于社员储蓄性质①，成员请求分配年终盈余应是分享自己投资的回报。以下是部分合作社的访谈记录节选。

访谈五（访谈对象是合作社 9 负责人）

问：合作社是否存在分红？

答：还没有分红。我们薪酬按岗位走，不论是雇用人员还是成员。经营五六

---

① 米新丽. 我国农业合作社法律问题研究［M］. 北京：对外经济贸易大学出版社，2013：184.

年了，都在投入，还未分红。

访谈六（访谈对象是合作社 8 负责人）

问：合作社是否提取公积金？

答：有，根据每年的盈利提一定数量的公积金（当时该负责人表示提取的公积金主要用于合作社的日常开支，如接待客户）。

问：合作社是统一销售吗？

答：行情好的话，让成员自己卖，只要上交记录就行。成员也有自己的熟人，自己的销售渠道。合作社有时提供销售信息。

访谈七（访谈对象是合作社 7 负责人）

问：合作社如何分配利润？

答：合作社成员的产品，卖多少钱，返多少钱。若收购其他老百姓的（非成员）的，会有一定的利润。年底会有分红，这是合作社利润的来源。

访谈八（访谈对象是合作社 4 负责人）

问：合作社如何分配利润？

答：除收苹果的包装费、果库的保管费之外，返还农民利润。

从上面这些问题的回答来看，我们至少可以发现运城地区的合作社在盈余分配上存在这几种现象。有些合作社在发展的初期，投入比较大，还没有足够的经济实力来完成盈余的分配工作；大部分的合作社都没有提取公积金的做法，按照盈余分配的原则，分配的盈余应是扣除亏损，提取公积金之后的剩余。另外，很多合作社只是帮助成员卖农产品（前述的临猗 WWB 合作社和夏县 KS 合作社就是这种情况），虽然是以合作社的名义卖出去，但合作社主要起到的是联系农户的作用。甚至有更为松散的情况，如夏县 FY 蔬菜种植合作社，只是在没有销路的情况下才会帮助成员集体销售，成员在自己能找到销售途径的情况下就自己卖了，只需要上交记录，根本没有形成整体运作的概念。我们走访的有这样一家农机合作社（主要向客户提供农机服务的合作社），合作社不存在盈余分配的问题，没有统购统销，没有共同经营，没有以合作社名义进行服务，只是将分散的农机户集中到一起，共享业务信息，具体干活时各农户单独与客户商量确认报酬。

合作社内部的凝聚力不足已经成为一个严重的问题，合作社和农民之间往往是两张皮，合作社的内部成员之间难以建立起真正意义上的合作机制。很多合作社与农民的利益联结方式仍然是订单式，无论是在生产资料的供应环节，还是在产品销售环节，极少存在利润返还和按照交易额返还，二次分配机制普遍没有建立起来。

（四）自由选择权

这里的自由选择权实际上指的是成员的入社自由和退社自由，属于广义上自由权的一种。但调研中发现，合作社成员入社和退社并不频繁，基本处于稳定状态。下面列出了针对两个合作社访谈的部分记录。

访谈九（访谈对象是合作社 9 负责人）

问： 合作社是否有新加入的成员？

答： 尽量不变动成员，与非成员有合作的，采用订立合同的方式。

访谈十（访谈对象是合作社 5 负责人）

问： 成员入社后，有无退社的？

答： 没有。

我们从受访合作社负责人处得知，成员主动退社的情况几乎没有，原因是农户都能在合作社下获得比自己单干更多的额外收益，而且大部分普通成员几乎没有出资，负责人还免费给他们提供技术培训和信息共享，这样一来，维持合作社成员身份的成本很低，获得的是更多的收入，那么在这样的情况下，没有人主动退出合作社，也没有除名的情况存在，这就可以说得通了；另外，合作社也基本不愿意变动现有的成员数量，一来可能是短期内人数已经达到了合作社自身的数量要求，二来被调查的合作社相关负责人也表示变更的手续太麻烦，经常变更会造成管理上的混乱，是不必要的麻烦，平时农活也很多，没有时间去经常变更成员名册。

二、农民专业合作社成员权利行使纠纷的实证分析

自 2007 年《合作社法》运行至今，合作社究竟运行得怎么样？成员权到底是什么状况？跟合作社运行相关的法律纠纷又有哪些？这些纠纷反映出什么问题？这些都是需要我们研究的重要内容。通过"中国裁判文书网"共搜集到农民专业合作社相关法律纠纷案件（已经审结的案件）183 起，其中与合作社成员权相关的案件约 30 起。内容包括"股东知情权纠纷""盈余分配纠纷""合伙协议纠纷""股权转让纠纷""股东资格确认纠纷""股东出资纠纷"及"社员退社请求返还出资额纠纷"等各种法律问题。案件涉及的范围较广，部分案件涉及的当事人众多（既存在合作社诉多个成员的情形，也有成员联合诉合作社的情形）。其中，一定数量的案件当事人提了上诉，二审有的维持原判，也有的改判。单独从数字做形式分析反映出两方面的问题：一方面，"数字太大"，合作社受关注并不多，且《合作社法》的制度设计实际并不完善，对成员权的关注则少之又少。但依然产生了如此数量的既判案件，说明合作社的运行实际上存在很多的问题。另一方面，"数字太小"，相比于其他民事主体的纠纷，如"公司"，合作社的法律纠纷数量实则九牛一毛，虽有法律法规出台较晚的原因，但一定程度上也反映出合作社法律地位的尴尬。以下简述两则典型的司法案例。

案例一

株洲县长源时鲜蔬菜种植专业合作社股东知情权纠纷案①

这是一桩因"查账"引起的纠纷。2012 年 12 月 17 日，文某辉与陈某、文某心、文某国与文某明五人为原告，投资成立了被告长源合作社。但合作社自成立时起一直未依法向合作社成员提供过财务会计报告，合作社的年度财务预算，结算方法亦未提交过成员大会审议。长源合作社成立时，原告以水管、水泵、大棚膜、竹条等实物（价值约 1 万元）进行了出资。至起诉时止，被告对其出资额、住所地及股东情况共进行了 3 次变更，原告文某辉自成立时起至今一直系被告的股东。原告在以成员身份行使查阅权（知情权）时，被告以原告已于 2014

---

① "中国裁判文书网"，http://wenshu. court. gov. cn，2016 年 5 月 9 日。

年1月25日领取1万元股本金，从而不再是合作社成员为由拒绝。

本案的争议焦点为：其一，原告提取1万元的股本金能否成为其成员资格丧失的理由；其二，原告在本案中是否享有知情权。法院最终支持了原告查阅合作社相关文件的请求。

查阅权（知情权）是合作社成员一项非常重要的权利，属于信息权的范畴。成员行使查阅权的情况直接关系到合作社的制度构建是否完善，查阅权行使得好，会起到对合作社的监督作用。应该肯定本案中的原告对自身权利的行使具有较强的意识，主动要求查阅相关文件的行为意志非常坚定，并最终通过诉讼维护了自己的法定权利。同时，合作社在对比之下显得非常不主动，自其成立时起，一直未向其成员提供过财务会计报表等关系到成员实际利益的重要文件，对成员权利的忽视可见一斑。

案例二

集安市七宝葡萄种植专业合作社盈余分配纠纷案①

分享盈余权，即按照章程规定或者成员大会的决议分享盈余②的权利。本案因盈余分配纠纷而产生，上诉至吉林省通化市中级人民法院。赵某阳（以下称原告）为七宝合作社（以下称被告）的成员，2013年，被告的法定代表人肖某岩与森野酒厂联系被告合作社社员的葡萄销售事宜。2013年9月16日，森野酒厂到原、被告所在地拉葡萄，除一个会员葡萄不合格外，酒厂均同意收购。在酒厂拉葡萄前，在所有会员都在场的情况下，被告理事会成员宣布如先卖的葡萄和后卖的葡萄价格不一样，结算时按平均价格，再按照所售葡萄的数量来分配葡萄款。当时没有会员提出不同意见。原告等在被告理事会成员宣布决定之后将装葡萄的箱子拉走，将葡萄先行出售。森野酒厂在将原告等会员的葡萄收购后，2013年9月19日便停止了拉葡萄，要求合作社将葡萄运送到厂家。之后因为运输工具的原因，合作社通知葡萄尚未被拉走的会员另找了销路，葡萄均按当地市场价在当地销售，所售价格较原告等会员的葡萄价格低。原告认为原告等是将葡萄出售给了森野酒厂，而其他会员并未将葡萄出售给该厂，并未经被告统一管理，价

① "中国裁判文书网"，http://wenshu.court.gov.cn，2016年5月9日。
② 具体分享盈余权的内容阐释见前文"农民专业合作社成员权利行使的现实考察"之"财产权"部分的相关内容。

格不一，主张按照所有会员平均价格依所售数量分配葡萄款不合理，应返还其葡萄销售款 27832.20 元。

法院最终维持了原判，驳回了上诉，认为原告主张的葡萄款属于盈余分配的范畴。对于盈余如何分配，被上诉人并没有召开成员大会。上诉人可在被上诉人召开成员大会后，另案诉讼。

在本案中，存在一个原告所主张的葡萄款究竟该如何分配的问题即该葡萄款是否属于盈余分配范畴的问题。上述原告的理由不足以否定款项属于盈余分配的范畴的事实，原因在于虽然并不是所有的会员都最终把葡萄卖给了森野酒厂，但原告的销售款项不能因此独立出去，因为酒厂这个销路是合作社联系的，买卖的合意实由合作社和森野酒厂做出，原告应理解为买卖动作的执行者或者完成者。另外，在合作社理事会成员宣布盈余分配方案时，原告并没有提出异议，基于诚实信用原则，事后反悔的行为也不应该受到法律的额外保护。总之，原告赵某阳作为会员的独立销售行为不能突破合作社的整体性。

我们可以看到，本案中的原告因盈余分配纠纷提起诉讼的行为并不理性。主要原因在于，其他社员的售价比他的低，按平均价、按交易额分配拉低了他的实际收入，但是，反过来考虑，那些将葡萄以低于原告的价格售出的会员却没有任何异议，因为这更利于他们的收入保证。所以，具体的实际金钱利益一定程度上影响了成员权利的理性行使；纠纷的产生主要是因为合作社没有想到森野酒厂会停止收葡萄，导致后面的会员另找销路，降低售价。当时合作社事前有一个盈余分配方案的宣布行为，但宣布行为不太合理，理应做一个简单的表决或者事后及时召开成员大会。在这个典型的案件里，我们能从盈余分配制度看到成员权利行使状态的一个侧面，目前成员权的行使法治化、规范化程度不高。

第三节　农民专业合作社成员义务履行之实证分析

我们发现在现有的法定成员义务中，基本上都是合作社可以通过章程和内部决议来规定的，也就是说，法律只对成员义务制定了一个法律框架，至于义务的内容完全由合作社根据自身的状况来确定。在法律强制和章程自治结合的情况下，合作社成员的义务却表现出部分惊人的相似性。下面主要就成员的四项义务进行探讨，分别是出资义务、与本社交易的义务、执行决议的义务和承担亏损的义务。

一、成员出资义务

《合作社法》规定，成员可以用货币、实物、知识产权等出资，调研情况反映出资结构严重不平衡，基本上是寡头大户出了绝大多数资产，而普通农户只是出了很少的一部分，甚至很多普通社员是不出资的，这里的不出资是指没有任何形式的出资，包括货币。这些成员只要答应加入合作社，完成自己的种植任务即可。

访谈十一（访谈对象是合作社 8 负责人）

问：成员是以什么形式出资？

答：农户是以蔬菜大棚的形式入股的。

访谈十二（访谈对象是合作社 9 负责人）

问：合作社成员的出资情况如何？

答：成员有很少的现金出资，主要是我们（指公司）。

访谈十三（访谈对象是合作社 7 负责人）

问：合作社的出资怎样？

答：主要是我家出资，其他人出资少。

问：成立时，注册资本多少？

答：120 万元。现在已超过，但没有变更。

访谈十四（访谈对象是合作社 6 负责人）

问：合作社成立的出资情况是怎样的？

答：一开始建大棚让每人出资 5 万元，都不愿出，后来都是我出资建的，其他成员没有出资。建好大棚后，他们出劳动力。

从上面这些访谈记录里面我们发现：基本都是最初提议成立专业合作社的大户出资比例最多，其他成员可能是限于经济实力和其他原因，出资比例实际上占得很少，出资大户和小户之间出资额的差距甚至成数倍。而且，绝大多数都是用货币出资，唯一的一个用实物出资的夏县 FY 蔬菜种植合作社内部治理又极为松散，种的辣椒大多数情况都是成员自己卖。

问题的关键在于，实力有限的普通成员们需要一些资金大户来维持合作社的运转，如此悬殊的投资比例极易造成"大股东"对"小股东"的侵害，但处于弱势的普通成员认同牺牲一些民主权利来换取一些现实的利益。因为对于普通的成员来说，即使没有一分钱的出资，他也能搭着合作社这辆便车①获得比他单干更多的实际利益。相较于要求弱势的成员去积极出资，搭便车的做法并不需要承担金钱上的风险，拥有更高的可期待性。

二、与本社交易的义务

在前文所述的"葡萄种植专业合作社盈余分配纠纷一案"中，原告（上诉人）的理由某种程度上来说不妨可以理解为交易义务履行时见利忘义一个侧面的体现。因为后销售的葡萄价格偏低，如果平均按交易量分配利益，必然会拉低原告的收益所得，所以他才主张自己的葡萄是单独卖给森野酒厂的，不应纳入合作社盈余分配的范畴。我们发现，农户在切切实实的利益面前，对于合作社的态度是一个动态的函数。

另外还发现，我们所调查的合作社中有一大部分的合作社只是起到了单纯联系成员的作用，各个农户的销售主要是各干各的。但也有合作社是把成员手里的东西收起来，一起出售，比如"夏县 KS 中草药种植专业合作社"和"临猗县 WWB 果品种植专业合作社"就是这样做的，然而这种形式非常的松散，都是提倡成员履行与合作社交易的义务，但不强制。两个合作社的负责人都表示，"成员若愿意将农产品交给他们卖就卖，不愿意也不强求"，当然因为合作社出面销售能有相对稳定的销路，能够利用市场供需情况卖出一个相对好的价格，然后把货款返给农户，所以一般情况下，普通成员还是愿意这样做的。在其他学者的调研情况中还存在另外两种合作社对于成员见利忘义的处理方式：一种是要求成员必须履行与合作社的交易义务且严格执行，否则就会承担相应

---

① 肖云、陈涛、朱治菊. 农民专业合作社成员"搭便车"现象探究——基于公共治理的视角 [J]. 中国农村观察，2012（5）：49–55.

的责任；另一种是要求成员必须履行与合作社的交易义务但灵活执行，且没有惩罚制度①。

三、执行决议的义务

对于骨干成员和普通成员，在执行成员大会的决议这一点上表现出平等性。种植合作社若要保证自己的作物有销售渠道，就势必要求成员种植成品在质量上不能参差不齐，所以就必然要求成员种植时在选种、肥料和技术等方面统一标准。这种标准的统一要求合作社的成员在履行义务上的一致性。

骨干成员和普通成员无差别地执行成员大会、成员代表大会和理事会的决议，是合作社成员统一行动的管理需要。一般而言，骨干成员会带头履行合作社的生产经营要求，同时还要督促普通成员执行决议。很多合作社负责人表示，农民很不好管理，所以骨干成员往往严于律己，以身作则才能让普通成员信服。在这一点上之所以表现出平等性，笔者分析认为，保证决议执行的一致才能带来合作社的收益增加，不管是骨干成员还是普通成员，这种无差别的义务履行是他们获得利益的前提和保障，否则无法保证合作社的良性运转和产品质量，所以，执行决议基本平等就可以理解了。

四、承担亏损的义务

合作社法中合作社成员有承担亏损的义务是明文法定的，但是学者在调研中发现，合作社成员对于在合作社提取的公积金等无法弥补亏损的情况下，自己是否承担亏损及怎样承担亏损意见不一②。

有77.78%的骨干成员认为，合作社亏损以后，他们不能拿回投入合作社的钱。看来，骨干成员还是很清楚投资的风险和亏损义务的承担。相比之下，普通成员的看法比较多元，33.33%的人认为，合作社亏损后不能拿回投入合作社的

---

① 王伦刚. 中国农民专业合作社运行的民间规则研究——基于四川省的法律社会学调查［M］. 北京：法律出版社，2015：188-192.

② 由于在调研中走访的合作社中普通成员很多都没有出资，即使有出资数量也非常少，且不排除非常少的出资是虚假出资的可能，所以在此参考其他学者的调查数据来说明情况。

钱；40%的认为能够拿回；26.67%的人不知道能否拿回①。合作社的普通成员对于承担亏损存在较大的分歧与最初他们自己投入合作社股金的形式有很大关系。一般情况，最初仅仅以现金形式投入合作社的成员都认为自己应该以这些股金为限承担亏损；如果最初的入股形式包括现金和实物两种，那么成员则认为他们仅以现金承担亏损。

第四节　完善农民专业合作社成员权之思考

在完成成员权基本概念的阐述和基于调研基础上的成员权利行使和义务履行现状的描述以后，本部分要探讨的问题是，合作社目前的成员权运行状况到底是什么结构？针对现实情况应提出怎样的法律对策？

一、成员异质和差序化权义结构

从前文不难发现，文章的论述中多次出现"骨干成员""大户""普通成员"或者"弱势成员"的表述，原因在于笔者在研究成员权的真实状态时发现，如果不将成员加以区分地展开论述，整个成员权的现状都无法清晰阐释。既然是合作社中客观存在的，而且这种显而易见的差别与成员权息息相关，那就应该认识到，成员间的这种自始至终的分层是成员权存在的土壤，这里的意思并不是说离开这种结构，成员权就不存在，而是现在的专业合作社成员权普遍就是生长在这种土壤里。

农民专业合作社的成员是两个分化的群体：骨干成员和普通成员。在合作社的传统理论上，这叫作"成员异质"。合作社除了普通的农户加入以外，还包括生产和运销的大户和龙头企业等民事主体，上述这些主体在诸多方面都差距悬殊，因此造成成员之间具有高度的异质性，使得农民专业合作社的成员大体可以分为骨干成员（生产大户、运销大户和龙头企业等）和普通成员（一般农户）。

成员异质直接导致了成员具体权利和义务的变化，也就是成员权的变化。相

---

① 王伦刚. 中国农民专业合作社运行的民间规则研究——基于四川省的法律社会学调查 [M]. 北京：法律出版社，2015：193.

比较而言，骨干成员一般是合作社的大股东、合作社的管理者、相对的贤能者。所以我们也可以推断出，骨干成员投入得更多，收益也更多，相应地也承担更大的风险，现实中也拥有更多的管理权；相反，普通成员更安全，收益也就少一些，对合作社实际掌握的管理权也小许多。这种差序化的权义结构如果用一个同心圆来表示，就是从中间最核心的理事长到外层的理事、监事（长）再到中层干部，最后到最周边的普通成员，需要承担的责任、获得的盈余分配、管理权的大小和出资的数额都是从中心往四周依次递减的关系，此所谓"中心—外围"式的内部治理结构①如图 5-2 所示。

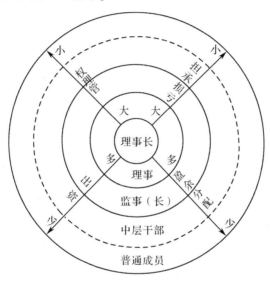

图 5-2　成员差序化的权利义务结构

那么为什么普通成员对这种差序化的结构表现出来的并不是反对而是接受呢？当然，"搭便车"在一定程度上解释了这个问题，但笔者认为还不能从根本上说明问题。因为如果普通成员具有站在中心的能力，谁又愿意"搭便车"呢？所以根本问题是个人生产力水平不够。或者说，中间的骨干成员是合作社的领导者，他们求的是发展；外圈的普通成员相对来说是跟随者。他们还没有能力来求发展，只能求生存，这里的生存不是指活下去，而是指跟着合作社至少比自己一个人单干要强得多。

① 王伦刚. 中国农民专业合作社运行的民间规则研究——基于四川省的法律社会学调查 [M]. 北京：法律出版社，2015：195.

作为生存小农的普通成员有自己独特的需求和道义规则，他们对于自己与骨干成员以及对骨干成员的职责期待有自己独立的判断。这种判断建立在他们家庭的生存需求基础之上。如此我们也许可以知道他们为什么对目前合作社的权义结构持接受态度，因为生存对他们来说很重要。当然，需要强调的是，这种权义结构是建立在"中心"和"外围"讨价还价能力的基础之上的，所以它不是一成不变的，而是一个动态的函数，而时间、地域和文化等是这个函数的变量。

二、对现行立法的完善

立法的不完善是现在农民专业合作社成员权利行使和义务履行不规范的重要原因之一，对一些现实中已经出现的由于立法原因直接造成的成员权法律问题，最有效也是最必要的解决办法就是完善法律法规，下文就成员权的一些重要权能的立法给出了一些可行的建议。

(一) 规定撤销权

撤销权实际上是成员一种自我保护或者维护合作社合法利益的救济方式，但遗憾的是，如此重要的权利在合作社法中却没有涉及。在合作社法中规定撤销权的意义重大，一是现实弥补合作社法中权利的缺位，二是有利于成员权益得到救济，三是有利于拓展、完善我国社团法的内容。《物权法》第六十三条第二款规定了"农村集体成员撤销权"，但这一规定主要针对的是村委会自治组织和成员，对于合作社并未考虑到，但也可以看作是立法的一个进步，并为在合作社中顺利地加入撤销权提供了立法基础①。基于近代私法的理论，成员在自觉组成合作社的时候两者之间的权利并不是完全对等的，所以成员要受到合作社决议的约束。意思自治受到了限制，根据权责对等原则，需要给予合作社成员必要的保护。②《公司法》关于股东的撤销权的规定是相对成熟的，而农村集体成员的撤销权和股东的撤销权有很多相似之处③，那么借鉴《公司法》中股东撤销权的规定在《合作社法》中规定撤销权笔者认为是可行且必要的。

---

① 蒋颖. 中国农村合作社法律制度发展研究 [M]. 北京：中国农业科学技术出版社，2009：111.
② 陈杉. 社员撤销权的国际立法及其对我国的解释 [J]. 社会科学家，2013（1）：110-113.
③ 管洪彦. 关于农民集体成员撤销权的几点思考 [J]. 法学论坛，2013（2）：154-161.

具体到合作社的成员撤销权的设置，还需要考虑以下几点问题。第一，撤销权有没有人数上的限制，是把撤销权单独规定成一种成员权利还是对撤销权的行使规定人数限制？由于农民的自身素质有限，前者方案可能会导致权利的滥用，降低合作社的效率，笔者认为不合适。但第二种方案究竟规定占合作社多少人时可提起撤销之诉的标准也不好确定，因为现实生活中合作社的规模有大有小，难以统一。另外，原告资格的确定也需要考虑合作社自己的特点，基本原则应当是只要决议作出时仍为社员就有切身利益，就应享有撤销权。成员代表行为的正当性也要考虑，鉴于合作社现有的差序化权义结构，诉讼的效力是涉及整个合作社，而不是成员个人，所以代表行为替小部分人谋利的可能性是存在的。第二，提起撤销的事由该如何确定？其核心为是否以权益受到侵害为标准。对于普通成员来说，接受差序的权义已经是为求得生存而做出的妥协，若权益受到损害后才能提起撤销之诉，是否不够公平正义？但若在实际造成损害前就赋予其权利，即有造成侵害的危险就可以行使撤销权，那危险的程度如何确定？即使程度是清晰可辨的，合作社的发展会不会因为普通成员狭隘频繁地撤销决议而受到阻碍也难说。第三，需要给撤销权规定行使期限，而期限长短参考国际立法，规定为短期比较合适。例如，德国《合作社法》第51条规定，社员大会决议的撤销必须在一个月内提起诉讼。

（二）完善分配制度

合作社法规定了盈余分配制度，但在实践中"二次返还"还没有普遍建立起来，个别调查对象反映法律虽有规定，但是不够细化，实际操作性很差。由于合作社不同于一般的营利性企业，在盈余分配上也体现出不同于企业的特点①。

分配的顺序有先后。首先是弥补亏损，虽然合作社并非营利性的组织，但其对外业务拓展需要有一定的经济实力，如果不先将亏损弥补，会导致合作社风险负担能力的降低，损害债权人及其他利害关系人的合法利益。其次是股息，这里涉及一个出资结构的问题，有学者指出应对成员股金分为成员股和资金股②，资金股是单纯地为了解决合作社融资难问题的一种股金形式，持该股

---

① 米新丽. 论农民专业合作社的盈余分配制度——兼评我国《农民专业合作社法》相关规定 [J]. 法律科学（西北政法大学学报），2008（6）：91-98.
② 蒋颖. 中国农村合作社法律制度发展研究 [M]. 北京：中国农业科学技术出版社，2009：72-74.

的人只享有获取股息的权利，不享有投票权，这就是"准社员"制度。股息优先于公积金分配有利于融资问题的缓解，如果发行资金股（优先股），那么资金股优先成员股（身份股）分配。再次是公积金和公益金，公益金需合作社发展到一定程度才有能力设立，故不再赘述。公共积累对于合作社来说有着重要的作用，所以笔者建议将公积金作为法定必须提取的内容加以规定，但提取比例也应限定在一定的范围，合作社可根据实际情况在规定范围内由章程做出规定。① 最后才是向社员返还盈余，返还时需遵守按交易额（量）分配和资本报酬有限的原则。

（三）适当承认成员权的转让、继承

首先必须肯定的是成员权作为一种独立的民事权利是可以转让和继承的，但是合作社法中同样也没有相关的权利规定。农民专业合作社的成员账户记载的累计金额，对于成员来说就是他们的一项财产，原则上他们有权自己处置。允许成员间及其非成员间进行产权的转让，可让所有者享受产权转让带来的收益分配。《合作社法》只在第二十一条规定，成员资格终止的，合作社应返还该成员账户内的出资额、公积金份额和成员资格终止前的可分配盈余。

实际地方上对于《合作社法》的实施出台有具体办法，有些省份如陕西省已经在实施细则里规定了相应的转让权，但也有限制。《合作社法》在这个方面的缺失会让成员在处置自己的成员资格时没有法律指引，而各地的情况不一样，标准的差异会引起误解。

笔者虽然建议规定成员权可以转让，但不可一蹴而就，毕竟需要考虑到合作社是农民发起成立的互助组织，它牵连到农民个人和家庭财产关系的稳定，所以如果一味地放开，让成员权任意地流动也有不妥。故可以允许成员权在一定范围内的流转。例如，允许成员出资以及盈余分配转化的出资在成员内部转让。

社员死亡的情形，其继承人由于合作社人合性的特点无法继承已死亡成员的成员资格，该继承人有权请求返还相应的财产。但如果该继承人符合入社的条件并且愿意入社是否应该从法律上赋予他选择的权利呢?② 笔者认为是可行的，因为有可能继承人一家都是仰赖合作社的收入生活，如果不赋予其继承的权利，那

---

① 孙晓红. 合作社立法模式问题研究［M］. 北京：知识产权出版社，2012：89.
② 曾文革，王热.《农民专业合作社法》关于社员权相关规定的缺失与完善［J］. 法治研究，2010（6）.

么合作社的互助性又如何体现呢？但若此，还需保证该继承人的继承选择不能被无理拒绝。当然，继承人继承的成员资格包括权利和义务，即成员权。继承的申请须在一定时限内提出，否则权利消灭。

（四）增设成员权丧失的规定

成员权丧失的效力就是使成员失去成员资格所带来的一切权利和义务，所以成员权的丧失与退社权之间存在因果关系。导致成员权丧失的情况有很多种，有主动退社的，也有被动丧失的，还有意志以外的因素造成的。这些都没有在合作社法中作出具体的规定。

成员死亡的，其成员资格当然归于消灭，经继承人请求应返还相应财产；成员当然也有主动请求退社的权利，这是团体中个人应享有的自由，经成员提交退社申请和合作社的同意后，方可放弃成员资格；还有一种成员资格丧失的方式就是除名，即成员有严重违反章程规定或者有严重损害合作社合法利益的行为时，合作社可以将其除名。

参考文献

［1］蒋颖. 中国农村合作社法律制度发展研究［M］. 北京：中国农业科学技术出版社，2009.

［2］王伦刚. 中国农民专业合作社运行的民间规则研究——基于四川省的法律社会学调查［M］. 北京：法律出版社，2015.

［3］米新丽. 我国农业合作社法律问题研究［M］. 北京：对外经济贸易大学出版社，2013.

［4］孙晓红. 合作社立法模式问题研究［M］. 北京：知识产权出版社，2012.

［5］梁彗星. 民法解释学［M］. 北京：法律出版社，2015.

［6］刘俊海. 股份有限公司股东权的保护［M］. 北京：法律出版社，2004.

［7］王玉梅. 农民专业合作社之法理探究与实践［M］. 北京：科学出版社，2012.

［8］任梅. 中国农民专业合作社的政府规制研究［M］. 北京：中国经济出版社，2012.

［9］徐旭初. 中国农民专业合作社经济组织的制度安排［M］. 北京：经济科学出版社，2005.

［10］马跃进. 论合作社的法律属性［J］. 法学研究，2007（6）：33-45.

［11］马跃进，孙晓红. 中国合作社立法——向着本来意义的合作社回归［J］. 法学家，2008，1（6）：53-60.

［12］马跃进. 台湾地区《合作社法》借鉴［J］. 法治论丛，2007（2）：24-29.

［13］温铁军. 农民专业合作社发展的困境与出路［J］. 湖南农业大学学报

（社会科学版），2013（4）：10-15.

[14] 赵忠龙. 论公司治理的概念与实现 [J]. 法学家，2013（3）：97-112.

[15] 肖云，陈涛，朱治菊. 农民专业合作社成员"搭便车"现象探究——基于公共治理的视角 [J]. 中国农村观察，2012（5）：49-55.

[16] 马玉波. 黑龙江省农民专业合作社示范带动效应研究 [D]. 哈尔滨：东北农业大学，2012.

[17] 倪细云. 农民专业合作社发展能力研究——以山西省运城市为例 [D]. 西安：西北农林科技大学，2012.

[18] 朱明月. 农民专业合作社治理法律问题研究 [D]. 重庆：西南政法大学，2012.

[19] 张滢. 农民专业合作社风险识别与治理机制——两种基本合作社组织模式的比较 [J]. 中国农村经济，2011（12）：16-26.

[20] 郑丹. 农民专业合作社盈余分配状况探究 [J]. 中国农村经济，2011（4）：76-82.

[21] 叶陈刚. 公司治理视角的内部控制机制研究 [J]. 企业经济，2011（3）：5-9.

[22] 万建. 我国农民专业合作社法律制度完善研究 [D]. 重庆：西南大学，2011.

[23] 徐旭初，吴彬. 治理机制对农民专业合作社绩效的影响——基于浙江省526家农民专业合作社的实证分析 [J]. 中国农村经济，2010（5）：45-57.

[24] 米新丽. 论农业合作社的法律性质 [J]. 法学论坛，2005，20（1）：59-64.

[25] 任中秀. 德国团体法中的成员权研究 [D]. 济南：山东大学，2014.

[26] 曾文革，王热.《农民专业合作社法》关于社员权相关规定的缺失与完善 [J]. 法治研究，2010（6）.

[27] 宋刚，马俊驹. 农业专业合作社若干问题研究——兼评我国《农民专业合作社法》[J]. 浙江社会科学，2007（5）：61-67.

[28] 米新丽. 论农民专业合作社的盈余分配制度——兼评我国《农民专业合作社法》相关规定 [J]. 法律科学（西北政法大学学报），2008（6）：91-98.

[29] 陈杉. 社员撤销权的国际立法及其对我国的启示 [J]. 社会科学家，

2013（1）：110-113.

[30] 管洪彦. 关于农民集体成员撤销权的几点思考 [J]. 法学论坛, 2013（2）：154-161.

[31] 谢怀栻. 论民事权利体系 [J]. 法学研究, 1996（2）：67-76.

[32] 刘文熙. 论我国农民专业合作社法律制度的完善 [D]. 石家庄：河北经贸大学, 2015.

[33] 姚梦. 我国农民专业合作社成员权利研究 [D]. 北京：首都经济贸易大学, 2010.

[34] 李建伟. 股东知情权诉讼研究 [J]. 中国法学, 2013（2）：85-105.

[35] 齐恩平, 徐腾飞. 论成员权的限制与剥夺 [J]. 河北大学学报（哲学社会科学版）, 2009（6）：49-54.

[36] 章光圆. 论社员权的概念、性质与立法 [J]. 宁德师专学报（哲学社会科学版）, 2005（4）：9-13.

[37] 孙文桢. 民法法典化视野下的社员权 [J]. 武汉工程大学学报, 2010, 32（8）：19-21.

[38] 赵谦. 专业合作社法实施中的农民参与困境及校正——以重庆为例 [J]. 法学, 2012（3）：133-144.

[39] 贺雪峰. 熟人社会的行动逻辑 [J]. 华中师范大学学报（人文社会科学版）, 2004（1）：5-7.

[40] 李春亭. 关于《中华人民共和国农民专业合作社经济组织法（草案）》的说明 [EB/OL]. [2016-05-09]. http：//www. npc. cn/wxzl/2006-12/05/content_ 5354949. htm.

[41] 杭州市西湖区龙井茶产业协会诉嵊州市万峰茶叶专业合作社侵害商标权纠纷案 [EB/OL]. [2016-02-02]. http：//m. pkulaw. cn/FullText/FullText?param = Mb2kGVI7tM34howU6NyEHSYq6D％2FfDMAk&from = single message & is app installed =0.

[42] 以色列合作社考察报告 [EB/OL]. [2014-06-06]. http：//www. jla-gri. gov. cn/Html/2014_ 06_ 06/2_ 1985_ 2014_ 06_ 06_ 21523 9. html.

[43] 美国的农业合作社 [EB/OL]. [2011-07-21]. http：//www. 360doc. com/content/11/0721/21/47910_ 135075092. shtml.

［44］日本农协考察报告 ［EB/OL］. ［2007-06］. http：//www. docin. com/p-594756102. html.

［45］《中华人民共和国农民专业合作社法》2006 年 10 月 31 日通过，2017 年 12 月 27 日施行.

［46］农民专业合作社登记管理条例 ［E］. 2007-05-28.

［47］陕西省实施《中华人民共和国农民专业合作社法》办法 ［E］. 2007-11-24.

［48］《德国民法典》1896 年 8 月 18 日通过，2013 年 8 月 28 日最近一次修改。

［49］农民专业合作社示范章程 ［E］. 2007-06-29.

［50］山西省农民专业合作社条例 ［E］. 2011-09-23.

［51］《中华人民共和国公司法》1993 年通过，2018 年最近一次修改。

附　录

附录一　农民专业合作社调查访谈问卷

问卷一　合作社负责人访谈问题

一、对合作社经济的认识

1. 您认为合作社经济是什么性质的经济？
A. 集体经济　　　　　　B. 非公有制经济

二、合作社的入社与退社

2. 你发起成立合作社的动机（想法）是什么？
A. 获得国家优惠政策
B. 把农业生产销售做强做大
C. 得到价格优惠
D. 有市场价格优势
E. 其他（补充）
3. 从合作社成立到现在，有没有人退社？
A. 有　　　　　B. 还没有

4. 如果有成员退社，要经过什么程序？

A. 依照法律，个人提前 3 个月提出/法人或企业事业单位提前 6 个月

B. 只要提前一段时间提出即可

三、合作社的成员

5. 本合作社的成员有哪些？

A. 农民个人

B. 市民（非农民个人）

C. 企业

D. 事业单位

E. 社会团体

6. 本合作社成员有多少？农民成员有多少（所占比例是多少)？

7. 本合作社中的农民成员是否都在从事农业生产？还是有进城务工农民挂名的情况？

8. 是否希望有其他主体（社会资本）加入合作社？例如有的企业未必从事农业生产，但愿意加入合作社，并获得回报。

四、合作社的出资

9. 本合作社的出资形式有哪些？

A. 货币（钱）

B. 土地承包经营权

C. 农村房屋

D. 劳务

E. 农机设备

F. 其他实物

G. 知识产权（商标权）

10. 本合作社是否有以土地承包经营权出资入股的情况？占全部资本的比例是多少？有多少农民以土地承包经营权入股？

11. 本合作社货币出资（钱）占全部出资的比例是多少？（占注册资本的比例是多少？）

12. 本合作社是否有劳务出资？

五、合作社的资本运作

13. 本合作社股份份额可否转让他人？有无这种情况发生？

14. 本合作社目前运行中，是否有公积金的提取？占盈余的比例是多少？

六、合作社的内部治理

15. 本合作社设立时是否召开设立大会？

A. 是　　　　　　　B. 没有

16. 本合作社内部管理的机构及人员有哪些？

A. 理事会（理事长、理事）

B. 监事会（执行监事）

C. 会计

D. 经理

E. 其他

17. 本合作社是否召开社员大会？多长时间一次？

18. 召开成员大会，主要讨论表决什么问题？

A. 人事任免

B. 报酬的确定

C. 合作社事务的预算方案

D. 合作社盈余分配方案

E. 合作社的分立、合并

F. 其他事项

19. 每次召开成员大会，出席人数能占到总成员数的多少比例？（法律要求是2/3以上）

20. 合作社是否有成员大会的会议记录？

A. 有　　　　　　　　　B. 无

21. 合作社是否有成员的发言记录？

A. 有　　　　　　　　　B. 无

22. 合作社是否有成员的表决记录？

A. 有　　　　　　　　　B. 无

23. 本合作社如何进行盈余分配？

是否按交易量比例返还？　　A. 是　　　B. 否

返还总额是否不低于可分盈余的60%？　　A. 是　　　B. 否

有股金分红吗？　　　A. 有　　　B. 无

24. 本合作社成员是否关心合作社的具体情况？

A. 是　　　B. 否

25. 合作社是否有不实行盈余分配决议的情况？

理事会是否有不实行盈余分配决议的情况？

合作社、理事会的盈余分配决议是否符合不少于60%的规定？是否提取公积金？

如果有，原因是什么？

其他信息补充：

问卷二　合作社普通成员访谈问题

一. 对合作社经济的认识

1. 您认为合作社经济是什么性质的经济？

A. 集体经济　　　　　　　B. 非公有制经济

二、合作社的入社与退社

2. 您加入合作社的动机（想法）是什么？

A. 以优惠价格购买化肥和种子

B. 合作社帮助销售

C. 其他

3. 从合作社成立到现在，有没有想过退社？

A. 有　　　　　B. 还没有

4. 如果想退社，要经过什么程序？

A. 提前 3 个月提出

B. 只要提前一段时间提出即可

三、合作社的成员

5. 本合作社的成员有哪些？

A. 农民个人

B. 市民（非农民个人）

C. 企业

D. 事业单位

E. 社会团体

6. 本合作社成员有多少？农民个人有多少（所占比例是多少）？

7. 本合作社中的农民成员是否都在从事农业生产？还是有进城务工农民挂名的情况？

8. 是否希望有其他主体（社会资本）加入合作社？例如有的企业未必从事农业生产，但愿意加入合作社，并获得回报。

四、合作社的出资

9. 本合作社的出资形式有哪些？

A. 货币（钱）

B. 土地承包经营权

C. 农村房屋

D. 劳务

E. 农机设备

F. 其他实物

G. 知识产权（商标权）

10. 本合作社是否有以土地承包经营权出资入股的情况？占全部资本的比例是多少？有多少农民以土地承包经营权入股？

11. 本合作社货币出资（钱）占全部出资的比例是多少？（占注册资本的比例是多少？）

12. 本合作社是否有劳务出资？

五、合作社的资本运作

13. 本合作社股份份额可否转让他人？有无这种情况发生？

14. 本合作社目前运行中，是否有公积金的提取？占盈余的比例是多少？

六、合作社的内部治理

15. 本合作社设立时是否召开设立大会？

A. 是　　　　　　　B. 没有

16. 本合作社内部管理的机构及人员有哪些？

A. 理事会（理事长、理事）　　B. 监事会（执行监事）　　C. 会计

D. 经理　　E. 其他

17. 本合作社是否召开社员大会？多长时间一次？

18. 参加成员大会，主要讨论表决什么问题？

A. 人事任免

B. 报酬的确定

C. 合作社事务的预算方案

D. 合作社盈余分配方案

E. 合作社的分立、合并

F. 其他事项

G. 不清楚

19. 每次召开成员大会，出席人数能占到总成员数的多少比例？（法律要求是 2/3 以上）

20. 是否看过成员大会的会议记录？

A. 有　　　　　　　B. 无

21. 您是否参加过成员大会？

A. 是　　　　　　　B. 否

22. 您参加成员大会是否发言、表达观点？

A. 有　　　　　　　B. 无

23. 本合作社如何进行盈余分配？

追问：

是否按交易量比例返还？　　A. 是　　　B. 否

返还总额是否不低于可分盈余的 60%？　　A. 有　　　B. 无

有股金分红吗？　　A. 有　　　B. 无

答：不清楚。　　　补充：

24. 您是否查阅过合作社有关资料？

A. 是　　　B. 否

若查阅过，请问查阅过哪些资料？

A. 会计账簿　　　　B. 会议记录　　　　C. 分配方案　　　　D. 其他

25. 合作社是否有不实行盈余分配决议的情况？

理事会是否有不实行盈余分配决议的情况？

合作社、理事会的盈余分配决议是否符合不少于 60% 的规定？是否提取公积金？

如果有，原因是什么？

其他信息补充：

附录二　调查农民专业合作社列表

编号	合作社名称	成立时间	法人代表	普通成员
1	运城市 ZNL 合作联合社	2011 年	1	
2	夏县 HW 合作社 夏乐精品瓜业协会	2007 年 2016 年	1	
3	临猗县 LZ 合作社	2009 年	1	
4	临猗县 WWB 专业合作社 运城市王万保果品种植 专业合作社联合社	（缺失） 2014 年	1	
5	万荣县 HY 合作社	2007 年	1	
6	万荣县 NFCP 专业合作社	2007 年	1	
7	夏县 KS 专业合作社	2010 年	1	
8	夏县 FY 专业合作社	2010 年	1	1
9	万荣县 XF 专业合作社	2009 年	1（负责人）	
10	泽州县 LHY 种植合作社	2008 年	1	
11	阳城县 BHZFFY 合作社	2009 年	1	
12	泽州县 XY 专业合作社	2014 年	1	
13	兴县寨滩旅游专业合作社	2017 年	1	
14	兴县蔚汾镇河儿上村经济 发展合作总社	2017 年	1	
15	兴县魏家滩镇白家沟村造 林专业合作社	2016 年	1	
16	兴县蔡家崖乡杨家坡村经 济发展合作总社	2018 年	1	
17	兴县蔡家崖乡 蔡家崖村合作社	缺	村委会主任	

附录三　调研函

调 研 函

_____

您好!

　　我校教师_____因课题《农民专业合作社法治化治理研究》的科研需要,向贵处进行调研活动,望予大力支持! 同时,课题组成员承诺,对此次调研所获取的信息将依法予以保密,在其科研成果中将隐去易引起纠纷的信息。

　　诚挚感谢!

单位（公章）
年　月　日

附录四　调研访谈资料整理

资料一　运城农民专业合作社调研访谈资料整理

调研目的：了解运城市典型农民专业合作社的实际运行及治理情况

调研时间：2016 年 5 月 4~6 日

调研人员：任中秀、陈华丽、苏文章、杜嘉琦、何海

访谈记录

访谈一

调研对象：运城市中农乐果业专业合作联合社（运城市 ZNL 专业合作联合社）

调研时间：2016 年 5 月 4 日下午

调研地点：运城市盐湖区

访谈对象：负责人

访谈内容：

问：请介绍一下公司（联合社）的发展情况？

答：2005 年成立公司。2011 年成立合作社联社。

问：为什么成立合作社联社？

答：公司成员之前做《果农报》，后来回到村里。之前帮助村里成立了果业协会，我们进行免费的技术指导、培训技术员。联合社把村里的 110 家合作社组织起来。

问：公司的股东大会召开情况？

答：每年两次，按《公司法》来。股东会、监事会都有。理事会开会主要讨论技术问题，不讨论财务问题。

运城市 ZNL 专业合作联合社小结：该联合社的存在支持了公司的经营。公司卖化肥、农药等给合作社成员。

访谈二

调研对象： 夏县宏伟瓜业合作社（夏县 HW 合作社）

调研时间： 2016 年 5 月 4 日下午

调研地点： 夏县禹王乡禹王村

访谈对象： 负责人

访谈内容： 内容概括

夏县 HW 合作社小结：①该合作社成立于 2007 年，协会成立于 2016 年。②协会分技术组、监管组、统购组、统销组、协服组、信息组、财务组进行内部治理。③合作社的出资情况有资料，几个大户出资多，其他人出资较少（有照片）。

访谈三

调研对象： 临猗县临赵农机专业合作社（临猗县 LZ 合作社）

调研时间： 2016 年 5 月 5 日上午

调研地点： 临猗县楚侯乡赵家卓村

访谈对象： 负责人

访谈内容：

问：为什么成立合作社（动机）？

答：获得国家资助。农机局给一定补贴。合作社成立前自己已有各种农机。

问：合作社的成员有哪些？

答：七八个有机器的农民。

问：合作社的业务来源？

答：主要靠熟人（介绍），客户较固定。有时农机局提供一定的信息，组织去外地。基本上是成员单干，有时活多一起干，各算各账。

问：合作社的出资形式？

答：就是农机设施，没有货币出资。

问：合作社开会吗？

答：有时聚一下，说说谁干了多少活。

临猗县 LZ 合作社小结：合作社不存在盈余分配的问题，没有统购统销，没有共同经营，没有以合作社名义进行服务，只是将分散的农机户集中到一起，共享业务信息，具体干活时各家与客户商量确认报酬。

访谈四

调研对象：临猗县王万保果品种植专业合作社（临猗县 WWB 专业合作社）

调研时间：2016 年 5 月 5 日上午

调研地点：临猗县北辛乡卓逸村

访谈对象：负责人

访谈内容：

问：联合社的前身是合作社，合作社的成员有多少？

答：有 2160 户，都是农民。现在的联合社是 2013 年成立的，有 39 个合作社，覆盖六县一区。（万保果库是个体工商户，个人 2007 年建的）

问：合作社是否召开成员大会？

答：人多，很难召开，主要是多个村的理事过来开会。

问：合作社成员入社的出资形式是什么？

答：果树。村民个人的一半地种了果树。村民没有出钱。

问：合作社如何分配利润？

答：收苹果的包装费、果库的保管费之外，返还农民利润（没有搞清一个问题：果库是否在收获时已将成员苹果全部收购，而农民并不享受市场差价）。

问：合作社的销售渠道有哪些？

答：已进入一些大的超市，客源稳定，如武汉的超市，一般只压半个月钱，就结款了。太原的不太好，结账时间长（好几个月），还返回不好的苹果。

问：合作社运营中存在什么问题？

答：主要是诚信问题。有的村民，看到别人收购价高了，不按合同办事，不卖给我们苹果了。

临猗县 WWB 专业合作社小结：这个合作社是能人带动型，已发展成合作社联社。出现的问题：成员不能按诚信与合作社交易。

访谈五

调研对象： 万荣恒源果业科技合作社（万荣县 HY 合作社）

调研时间： 2016 年 5 月 5 日中午

调研地点： 万荣县高村乡薛村

访谈对象： 负责人

访谈内容：

问：合作社何时成立？有多少成员？

答：2007 年成立，有 200 多户成员。

问：您（负责人）在入社前是种植苹果吗？

答：之前，主要在广东从事销售，做了 10 年销售。2002 年就成立了公司（有误），后回来成立合作社。

问：成员入社后，有无退社的？

答：没有。

问：是否召开成员大会？

答：开会主要是（技术）培训。

问：合作社是否成立理事会、监事会？

答：理事会、监事会不起作用。

问：合作社成员有无出资？

答：合作社没有资金，没办法做苹果包装（注：冷库都是公司建的，包装也是公司在做）。

问：合作社经营如何，是否有稳定的客户？

答：合作社（公司）在全国设 6 个销售点，都是公司的人，主要销往批发市场，今年也不存在销售难的问题。

万荣县 HY 合作社小结： 这个合作社营销的特点是公司的人员卖合作社的苹果。

访谈六

调研对象： 万荣县高村农副产品购销专业合作社（万荣 NFCP 专业合作社）

调研时间：2016 年 5 月 5 日下午

调研地点：万荣县高村乡高村街

访谈对象：负责人

访谈内容：

问：合作社何时成立的？成员有多少？

答：2007 年。成员有 20 多户。

问：合作社的成员有哪些？

答：最初 5 个成员，都是人大代表。公司晚于合作社。2014 年成立三丰源菇业有限公司。

问：合作社成立的出资情况？

答：一开始建大棚让每人出资 5 万元，都不愿出，后来都是我出资建的。其他成员没有出资。建好大棚后，他们出劳动力。收（菌棒）加工费和完善大棚的费用（不知是否准确）。

问：现使用的土地是自己的吗？

答：是租赁别人的（非成员）。

问：生产的香菇主要销往哪儿？

答：国内与国外。2012 年出口韩国，2015 年受邀进行技术指导。现在韩国租两个大棚，就地生产，就地销售。

问：合作社是否召开成员会议？

答：开会主要是培训，不召开成员大会，请技术员的费用都是我出。

万荣 NFCP 专业合作社小结：该合作社是个别人带动成立的，公司成立晚于合作社。合作社的内部治理特点：成员并不行使参与管理权。只是种植，销售后得利。成员由于不愿出资，所以合作社必然被大的成员控制。为了便于合作社扩大生产、对外出口、合理治理，最终部分人成立公司。

访谈七

调研对象：夏县茂盛中药材专业合作社（夏县 KS 专业合作社）

调研时间：2016 年 5 月 6 日上午

调研地点：夏县南大里乡北大里村

访谈对象：负责人

访谈内容：

问：合作社何时成立？有多少成员？

答：2010 年成立，有七八户，有本村的，也有外村的。

问：成立合作社之前就种植销售药材？成立合作社有什么好处？

答：已经经营 20 多年了。成立合作社，可以设账户了，打款方便。

问：主要种植什么？

答：黄芩、柴胡、山核桃等。

问：合作社的出资怎样？

答：主要是我家出资，其他人出资少。

问：成立时，注册资本多少？

答：120 万元。现在已超过，但没有变更。

问：合作社的经营场所是自建的吗？

答：承包村里土地建的，不是宅基地（但没有看到资料，法律上来讲，应当为农村集体建设用地性质，但不知其手续是否全）。

问：合作社召开成员会议吗？

答：不开会，有事电话联系。

问：种植用地都是自己的吗？

答：有自己的，也有租赁的。

问：合作社如何分配利润？

答：合作社成员的产品，卖多少钱，返多少钱。若收购其他老百姓的（非成员）的，会有一定的利润。年底会有分红，这是合作社利润的来源。

问：有没有想扩大合作社经营？

答：不太想，变更手续麻烦，工作忙没有时间。

问：你们交税吗？

答：也交，有优惠。

问：现在发展的困难是什么？

答：销路有点难，客源还不稳定。

问：成立后是否得到过政府的资金支持？

答：没有。听说有关系的，才能得到。

夏县 KS 专业合作社小结：①该合作社由经营时间长、有种植销售经验的人带头成立的合作社，属于能人带动型合作社。合作社成员少、规模小，由农村乡土社会熟人结合成立。由于规模小，不属于政府资助扶持的对象。②合作社的内部治理的特点是：由于由熟人组成，所以平时联系通过电话，分红也不是依据出资，而由负责人确定，没有一定的分配模式和依据。可以推断，由农村熟人成员组成的合作社，不可能形成严格的治理结构，不易形成法律意义的监督机制。③合作社成员权的行使的特点是：利润分配一定程度有实现，但不规范，靠熟人关系维护利润分配。负责人占主导地位，其他成员与其并无完全法律意义上的平等。

调研不足：未访谈成员；未查看合作社用地资料，对合作社税收问题缺少前期背景情况的了解。

调研收获：营业执照（工商局）、税务登记证（税务机关）、组织机构代码证（质量技术监督局）。为什么没有民政部门的社会团体法人登记证书？

答：合作社具有营利性，不应当由民政部门管。

访谈八

调研对象：夏县丰园蔬菜专业合作社（夏县 FY 专业合作社）

调研时间：2016 年 5 月 6 日上午

调研地点：夏县南大里乡北大里村

访谈对象：负责人

访谈内容：

问：合作社何时成立？成员有多少？注册资本有多少？

答：2010 年成立，有 150 个成员，不仅有这个村的，还有附近其他村的。成立时有 65 万元，现在已增至 105 万元。

问：您之前有自己的公司吗？

答：是的，原来主要从事辣椒加工，现在四川从咱这进货的少了。所以现在不做这块了。主要依托合作社做蔬菜的种植、贮藏、销售。

问：也就是说，你们这个合作社，是企业带动农户发展的。

答：是的。合作社给农户提供一些销售信息。

问：您使用的这块地是自己的吗？

答：不是，是租赁村民的，每年7月付租金。这块地是得到农委的项目支持，建成了辣椒生产基地。

问：成员是以什么形式出资？

答：农户是以蔬菜大棚的形式入股的。

问：合作社融资是否容易？

答：银行认为合作社是松散的组织，不愿意提供贷款。

问：合作社是否召开成员大会？

答：开会主要是新品种介绍，提供免费的技术指导、培训。

问：合作社是否有监事或监事会？

答：形式上有。合作社以盈利为目的，只要能挣钱就行。

问：合作社与公司的会计是一个人吗？

答：不是一个人，因为记账不一样。

问：合作社是否提取公积金？

答：是，根据每年的盈利提取一定数量的公积金。

问：合作社是否统一销售？

答：行情好的话，让成员自己卖，只要上交记录就行。成员也有自己的熟人，自己的销售渠道。合作社有时提供销售信息。

问：什么时候入社的？

答：前年入社的，买了别人的4个棚入社的，之前没有种过大棚。

问：合作社有召开大会吗？

答：主要是培训，有的时候去，有的时候忙就不去了。

问：入社后是否对种植、销售有好处？

答：当然有。效益不好的时候，合作社帮助运走销售。另外，去拿肥料、农药时，合作社成员也有优惠。

夏县 FY 专业合作社小结：该合作社成立于2010年，由企业带动成立，属于"企业+农户"模式。合作社以种植指导、培训、新品推荐为主。销售以成员自售为主，有时合作社也提供销售信息。

从合作社内部治理比较松散，无定期成员大会，监督机制也未形成。合作社也有一定数量公积金提取。合作社与公司的会计非一人。

从合作社的长远发展来看，想扩大生产规模，主要争取一些农业项目支持，银行贷款不易。

调研不足：①没有留下营业执照照片。②没有合作社出资、财务会计等资料，所以无法核实合作社与公司的会计是否为一人，是否存在记账混同的现象。③只访谈一名普通成员。④关于公司是否存在，是否早于合作社成立，并未能核实。公司负责人是以其农民身份，还是以公司作为成员加入合作社，未予核实。

访谈九

调研对象：万荣县鑫丰水产养殖专业合作社（万荣县 XF 专业合作社）

调研时间：2016 年 5 月 5 日上午

调研地点：万荣县裴庄乡孙石村黄河滩涂地

访谈对象：负责人

访谈内容：

问：合作社何时成立？

答：2009 年成立。同期成立公司（早于合作社成立）。

问：合作社成员有多少人？

答：有 50 多人。

问：合作社是否存在村民挂名的情况？

答：因为你们是学术研究，客观地讲，存在。

问：合作社成员的出资情况？

答：成员有很少的现金出资，主要是我们（注：公司，但当时公司还未成立，是公司的主要成员）出资。

问：合作社是否召开成员大会？

答：开会就是技术培训。

问：合作社是否有监事会？

答：我们主要注重技术监督。

问：合作社是否存在分红？

答：还没有分红。我们薪酬按岗位走，不论是雇佣人员还是成员。经营五六年了，都在投入，而未分红。

问：合作社是否有新加入的成员？

答：尽量不变动成员，如果有新的有合作采取合同方式。

问：基地所用的土地是承包村里的土地吗？

答：是，承包了 30 年，是从一些农户手里转过来的。

问：土地确权有到这吗？

答：没有。

（补充：我们这里不像南方特别典型的合作社，由村民家户养殖，必须由成员在基地统一养殖——被访谈人）

万荣县 XF 专业合作社小结：该合作是由个别人带动成立的，但实质上是一个公司在运作，存在农户只是挂名的现象。所以，可以推断：合作社完全没有内部治理。另外，合作社在成立时，公司未成立。由于合作社的松散与挂名，无法实现管理，所以，后来成立公司来规范其管理。合作社的成员权：部分成员可能与公司只是雇用关系、合同关系，也不享受分红，当然也不享有各种成员权利。

资料二　晋城农民专业合作社调研访谈资料整理

调研目的：了解晋城市部分农民专业合作社的实际运行及治理情况

调研时间：2018 年 8 月 11~14 日

调研人员：任中秀、李瑞敏、梁钰斐、秦捷萌

访谈记录

访谈一

调研对象：晋城市绿海苑种植专业合作社（晋城市 LHY 种植专业合作社）

调研时间：2018 年 8 月 11 日下午

调研地点：晋城市泽州县川底乡

访谈对象：负责人

访谈内容：

问：合作社何时成立？注册资本有多少？是否有政府补贴？

答：2008 成立。注册资本 500 万元，但后期投入近 1000 万元。成立当时还没有政府补贴，近几年有过水、电、肥料等的政府优惠。

问：为什么成立合作社？

答：亲戚之前成立的合作社收益很好，所以自己也成立了。

问：合作社的社员有多少，都是什么性质？是否有退社的情况？

答：近 20 户，都是本村农民。没有退社的。

问：种植用地是您自己的吗？

答：不是，10 亩是自己的，剩下的近 300 亩是从村民手里一亩地 300 元租赁的，还有部分荒山开发的地因有村里支持，所以没有收钱。

问：那么这些租给您地的成员中是否有挂名的情况？

答：有，大概五六户。

问：本合作社的出资形式有哪些？

答：大部分是出钱出力也出地，也有只出土地的人。

问：那么在本合作社中是否有入股的社员？他们是否参与种植？

答：有 10 户左右入股，会在比较忙的时候来。

问：本合作社利润是怎么分配的？

答：没有分配过，核桃树种植的周期比较长，成立以来都没有盈利过，更分不了红。

问：那么咱们有配置会计人员吗？

答：没有，用村里的会计。

问：您什么时候入社？

答：2008 年。

问：您是否入股？入股最多的是谁？

答：入股了，成立时掏了近 4 万元，还把自己的四五亩地都投进来了。负责人一家投股最多。

问：您是否接受过相关的技术培训？

答：有过一些，山西农业大学和农科院的人都来培训过。

问：您是否参加过社员大会？

答：参加过，一般不固定召开，有重要事情的时候才召开。

晋城市 LHY 种植专业合作社小结：

该合作社为个别人带动成立的简单果林种植合作社，集中农户参与种植，2014 年被选为市级示范社，但暂无盈余分配，无分工明确的机构人员设置。

调研不足：未查看营业执照、用地资料等合作社相关资料。

访谈二

调研对象：晋城市西苑专业合作社（晋城市 XY 专业合作社）

调研时间：2018 年 8 月 12 日上午

调研地点：晋城市泽州县下村镇

访谈对象：负责人

访谈内容：

问：合作社何时成立？社员都有谁？

答：2014 年成立。5 人注册成立，但实际只有 2 人，剩下的都是挂名。

问：那您的社员都是什么性质的？

答：都是农民，注册时也要求全是农村户口。

问：那么您的合作社是否有其他主体愿意加入？

答：我工作单位的老板想加入，但工商局当时要求必须为本村村民，所以就没加入。

问：您成立合作社的动机是什么？

答：是我自己的一个愿望，希望在村里有个休闲生活的地方。

问：本合作社的出资形式有哪些？

答：只是出钱。

问：那么您的合作社用地从哪儿来的？

答：村里面召开代表大会，允许我使用村里的荒地搞合作社。

问：那您的注册资本有多少？是否验资？

答：注册 50 万元，但后期投入肯定不止如此。2014 年成立的时候验资了，但听说后来都不验了。

问：您是否享受过一些政府优惠，比如水电优惠之类的？

答：没有，水电基本都是我自己交的，国土局为了荒地开发、荒山整修给了 9 万元补助，政府没有因为合作社的地补贴过。

问：您是否有过盈余分配？

答：没有，成本都没有回来。

晋城市 XY 专业合作社小结：该合作社为非典型农民专业合作社，仅为个人经营，无社员、无机构设置、无盈余分配。

调研不足：前期了解不足，未查明其具体情况、未访问社员、未查看相关资料。

访谈三

调研对象：晋城市百花中蜂蜂业专业合作社（晋城市 BHZFFY 专业合作社）

调研时间：2018 年 8 月 13 日上午

调研地点：晋城市阳城县凤成镇

访谈对象：负责人

访谈内容：

问：合作社何时成立？有多少社员？

答：2009 年成立，有 80 户农户加入。

问：那么是否有社员退社？

答：目前为止还没有。

问：您成立合作社的动机是什么？

答：养殖土生土长的中华蜜蜂，把中蜂的农业生产销售做大做强，也给社员和村民提供无偿技术培训和服务。

问：您是否得到过政府的优惠或补贴？

答：没有，都是自食其力。只有在评定为市级示范社时获得市政府的3000元补助。

问：本合作社的出资形式有哪些？

答：我们一家出资5万元，剩下的社员都是挂名没有出资，而且我们也不需要租借大家的土地。

问：本合作社的盈余分配是怎么进行的？

答：没有盈余分配，大家自己对自己的收入全权负责。

晋城市 BHZFFY 专业合作社小结：

该合作社为市级示范社，为能人带动型合作社，但无盈余分配，无机构设置，仍为简单的农民集中养殖的合作社。

访谈四

调研对象：晋城市农委

调研时间：2018年8月14日上午

调研地点：晋城市农委

访谈对象：范主任

问：晋城市合作社的整体情况怎么样？

答：目前全市有5700多家合作社，最多的话，一个村有十几家合作社。主要是2012年和2013年发展快，但有相当一部分是名存实亡的，大部分农民对其运行机制并不了解，"合作社是我们的合作社，不是我的合作社"这种观念并不深入。所以晋城市的合作社主要还是老板领办型。

问：对于农业合作社有什么扶持政策吗？

答：在2006年的时候合作社还有审核，后来《合作社法》出台后，法律规定工商局只需形式审查就可以，不需实质审查，所以合作社鱼龙混杂，都扶持的话，力度太大，根本不可行，只能是对于国家、省、市示范社给予一些帮助。

问：此前我们在合作社调查时了解到成立合作社不允许企业入股，实际情况是这样吗？

答：《合作社法》是允许企业资本入股的，可能是当时对政策、法律理解不到位造成了错误的执行。合作社的主体一个是农民，另一个是经营主体。但大多数农民成立的农业合作社都是农民自身，很少有经营主体入股，而且大多数农业合作社只是进行简单的粗加工，初级产品吸引不了企业入资。

问：对于这种老板领办型合作社的发展，您怎么看？

答：老板领办型就是把农民的土地集中承包，雇人工作，这就类似于以前那种生产队，实践证明是不可行的。比如高平那边成立的许多大棚的合作社，老板投资建起大棚，每天80元、100元的雇人干活，但是最终入不敷出，为什么呢？雇的人干活，肯定没有给自己干活用心，产品质量数量都上不去，卖不上钱，最后，老板不得不将其大棚承包给农户种植。

问：法律是允许以土地承包经营权入股的，但是我们调查了这么多家农业合作社，发现没有土地承包经营权入股的情况，这是为什么呢？

答：土地承包经营权入股还是自己种地，合作社给提供相应的技术服务，到年终或者固定的时候分红，但是农民有自己的顾虑，分红是有了利润才有，能不能盈利是一个问题，要是赔了还得贴钱，而且合作社盈利与否、盈利多少农民都是不知情的。所以土地承包经营权入股的情况几乎没有。

问：合作社账务问题是目前一个比较大的问题，对吗？

答：是的，也是分情况的，比如说要是状况相当的几家合作成立一个合作社，那这个账务问题不用操心，肯定做得清清楚楚，但要是那种一家大的带几家小的合作社就不行了。

问：除了我们上面提到的一些问题之外，实践中还存在哪些问题呢？

答：比较大的一个问题就是一户多身份，比如一个人他既成立了合作社，还登记了家庭农场，也被认定为种植大户。这显然是不合适的，而要改变这种状况，最重要的就是要精准定位，明确规定各种身份认定条件。

晋城市农委调研小结：在农委范主任的帮助下，我们了解了晋城市农业合作社的整体情况，也知道了许多实际中存在的问题，收获颇多。

资料三：兴县农民专业合作社调研访谈资料整理①

调研目的：了解吕梁市兴县典型农民专业合作社的实际运行及治理情况

调研时间：2018 年 7 月 23 日~26 日

调研人员：孙晓红、任中秀、刘静怡、王乙妃

调研对象：农民专业合作社/合作总社

1. 兴县农经局　2018 年 7 月 23 日下午

2. 兴县寨滩旅游专业合作社　2018 年 7 月 24 日
   兴县美景扶贫攻坚造林专业合作社

3. 兴县蔚汾镇河儿上村经济发展合作总社　　2018 年 7 月 25 日上午

4. 兴县魏家滩镇白家沟村造林专业合作社　　2018 年 7 月 25 日下午

5. 兴县蔡家崖乡杨家坡村经济发展合作总社　　2018 年 7 月 26 日上午

6. 兴县蔡家崖乡蔡家崖村经济林种植合作社　2018 年 7 月 26 日上午

访谈记录：

访谈一

调研对象：兴县农经局

调研时间：2018 年 7 月 23 日下午

调研地点：兴县县政府

访谈对象：田主任

访谈内容：

问：介绍一下兴县合作社的发展情况？

答：我县合作社目前约有 1500 家，2010 年开始发展，但值得一提的是，部分农村创建起了由村两委带头领办、村民全体参与、多业发展的集体经济合作总社，已经有 20 家。

---

① 对吕梁市兴县农民专业合作社的调研是由于学校开展的暑假实践活动定点在兴县。调研中发现兴县于 2017 年开始创办农民专业合作社总社，这是兴县一大特色，主要是想解决扶贫款、退耕还林款等财政拨款的去向。该县创新性地创设了村干部领办，在征求全村成员同意的前提下，以自愿入社的方式加入。调研表明，群众对此模式较为认可，但其仍处在探索阶段。

问：为什么成立合作总社？

答：村集体领办，让全部村民参与，形成一定规模，带动全部村民富起来。有利于解决村集体经济基础薄弱的问题，还有利于增强村集体的凝聚力和向心力。

问：合作总社经营的范围？

答：不只种植，合作总社的经营范围拓展到各种类型。

问：兴县的土地确权过程中纠纷多吗？

答：我县的土地确权基本完成，农经局从 2009 年开始设立农村土地承包仲裁，本着先调解后仲裁的原则，从乡镇调解开始。

问：合作总社是一种什么性质的组织？

答：合作总社相比合作社来说有特殊性，具有集体经济性质，参与人员多，具有广泛性。在产权制度完成以后，完全作为村集体经济组织，将作为特别法人进入市场。

兴县农民专业合作社小结：兴县合作总社是在脱贫攻坚过程中创造的一种新型农民经济组织，由村干部领办，全村村民集体参与致富，县农经局负责业务指导，合作总社的财务在农经局的云计算平台上统一管理、统一监管。

访谈二

调研对象：兴县寨滩旅游专业合作社①；兴县美景扶贫攻坚造林专业合作社②

调研时间：2018 年 7 月 24 日下午

调研地点：兴县高家村镇寨滩上村

访谈对象：负责人

访谈内容：

问：您发起成立合作社的动机是什么？

答：作为村干部，想带领村民发家致富，我们村处于黄河沿岸，水流冲刷

---

① 业务范围：乡村旅游景区开发；农家乐、采摘服务；旅游接待服务；土特产、旅游纪念品销售；花卉苗木种植、养殖。

② 业务范围：育苗、造林、绿化；种植；养殖；苗木管护、销售；林业技术咨询服务。

形成奇观异景，还拥有大面积的枣树，为了寨滩上村的长远发展成立了旅游合作社，但是村民参与度低。造林合作社是为了响应政府的退耕还林政策，给村民找活干，是为激发村民参与合作社的积极性建立的。

问：造林合作社的状况怎么样？

答：召集起 20 户参与，成功造林 350 亩，树苗是由政府统一发放的，每亩补贴 800 元，分三年给完，第一年给 50%，之后两年 25%，要求树苗成活率在85%。

问：您在合作社发展过程中遇到的问题有哪些？

答：最主要是村里没有集体做合作社的基础，村民的意识觉悟不高，观念比较保守，导致参与度很低，合作社难以维持和发展，政府对于小型合作社的支持力度低，没有资金维系。

兴县寨滩旅游专业合作社小结：该合作社成立于 2017 年 11 月 16 日。采访时成立不到一年，发展状况不是很好，处于前期负责人自己投入的阶段，政府给予了一部分的资金支持，但还没有建立起完善的规则和内部结构章程。

访谈三

调研对象：兴县蔚汾镇河儿上村经济发展合作总社

调研时间：2018 年 7 月 25 日上午

调研地点：兴县蔚汾镇河儿上村

访谈对象：负责人

访谈内容：

问：请简单介绍一下河儿上村的基本情况？

答：我村有 290 户，900 人共 1080 亩耕地，2017 年脱贫，通过金融扶贫政策和合作社的发展，还有 39 户 45 人办理了低保。

问：请介绍一下金融扶贫政策？

答：参与人员是 62 周岁以下的贫困户，在农村信用社贷款 5 万元入股公司，由政府补贴利息，每年得分红 3000 元，为期 3 年。

问：合作社的成员有多少人？

答：全村 900 人都参加了。

问：合作社的出资形式是什么？

答：900 人每人 50 元货币出资，还有村集体的固定资产（办公场所、机动地）出资。

问：合作社内部管理机构和人员有哪些？

答：在县农经局的指导下制定了公司章程和管理制度，召开村民代表大会推选出理事长（村委主任）、3 名理事，监事会有 3 名执行监事，1 名会计，还有 15 名村民代表，村民代表是由家族推选出来的。

问：合作社的分红比例是多少？

答：分红比例为村集体 25%、贫困户 10%、管理者绩效工资 10%、公积金 10%、公益金 5%、社员分红 40%。

问：合作社的项目有哪些？

答：有食用菌产业、中药材产业和退耕还林项目，村民除了合作社分红外还可以通过劳动获取务工报酬。合作社使用的土地主要是通过土地流转来的，给农户每亩每年 350 元。食用菌产业加上新建的 14 个大棚总共 37 个大棚，预计收益在 20 万元。中药材产业是与兴皖药业合作，其提供药种和技术支持，收购成果。退耕还林 600 亩，保守收益 10 万元。合作社还可以承接村内的小型项目，承建小型工厂和河坝，吸收社员务工，社员挣取务工报酬，合作社的收益严格按照分红比例分配。

问：合作社社员大会的召开是怎么样的？

答：有事的时候开，不定期。出席人数能达到 2/3 以上。主要讨论表决合作社规章制度、人事任免、报酬的确定、合作社事务的预算方案、合作社盈余分配方案等事宜，用举手表决的方式，过半数通过。

问：合作社是否有成员大会的会议记录？

答：有。成员的发言记录和表决记录写在一起，没有分开。

访谈对象：成员

问：您认为合作社经济是什么性质的经济？

答：集体经济。

问：您加入合作社了吗？

答：加入了。

问：加入合作社之后得到好处了吗？

答：以前是纯农户，靠种地为生，每年每亩能挣 300 元。现在加入合作社之后去参加了中药材和栽树的工作，有了务工的机会和收入，能挣到每天 80 元的报酬，还在村里做保洁员，收入比种地多。

问：家里有代表去参加合作社的社员大会吗？

答：我丈夫就是社员代表。会去参加会议。

问：享受到合作社的分红了吗？

答：金融扶贫的分红每年 3000 元已经拿到，合作社分红还没拿到，就是拿到务工报酬了，做一天有一天。

兴县蔚汾镇河儿上村经济发展合作总社小结：河儿上村合作社是兴县第一个合作总社，也是兴县合作总社的典型示范村，有完善的内部治理结构，各个项目分工明细，会开会讨论合作社有关事宜，有村民代表全程参与，也有会议记录。成员全部为农民个人，出资形式以资金为主，没有土地承包经营权出资入股的情况，有效地提高了村民收入，壮大了集体经济。

访谈四

调研对象：兴县魏家滩镇白家沟村造林专业合作社

调研时间：2018 年 7 月 25 日下午

调研地点：兴县魏家滩镇白家沟村

访谈对象：负责人

访谈内容：

问：合作社的成员有多少人？

答：加上 12 户贫困户（65 周岁以下有劳动能力的人），总共 21 户。

问：造林多少亩？

答：2100 亩左右。

问：树苗是政府给拨的吗？

答：政府指定地方，自己垫资 15 万元多去买的，造完林政府才给补贴，每亩补贴 600 元左右。

问：垫资的这个钱是从哪儿出的？

答：合作社原先有工队，务工报酬。

问：造林的工人是什么人？

答：合作社成员，也有外来雇工，雇工的报酬费比合作社成员的低点。

问：咱们村还有其他合作社吗？

答：还有两个养猪合作社，但是只是注册，不运行，办证之后有些好处。

问：咱们村现在的情况是什么？

答：有 2 个自然村，340 户，1290 人，现在常住人口有 100 人，大多为 65 周岁以上。

兴县魏家滩镇白家沟村造林专业合作社小结：白家沟村是由贾宝执带领，全国最开始走上农业合作化道路的先锋村，合作社 1944 年 4 月成立，最初由 8 户人家组成，凑 2 担小米入社，属于生产互助组。合作社买牛买驴，共同耕地拉炭，1945 年到隔壁村开煤矿，1958 年集体化之后，合作社扩展到 18 个村，规模扩大。1973 年农田水利基本建设中，贾宝执为了建设社会主义新农村献出了自己的生命。

访谈五

调研对象：兴县蔡家崖乡杨家坡村经济发展合作总社

调研时间：2018 年 7 月 26 日

调研地点：兴县蔡家崖乡杨家坡村

访谈对象：负责人

访谈内容：

问：合作社何时成立的？

答：2018 年 5 月 10 日成立。

问：现在合作社有哪些项目？

答：种中药材和退耕还林两个项目，中药材主要种的是蒲公英，和兴皖药业签了协议，其提供技术和进行回收，有 297 亩地。退耕还林了 2130 亩，每亩政府补贴 1500 元，分 5 年给。种的是经济林：核桃树。

问：合作社的土地怎么来的？

答：通过土地流转了 258 亩，租期 5 年，每亩每年 50 元。

问：树苗费和人工费是怎么支付的？

答：树苗是政府联系的，等政府的补贴到位了再给。人工费是我自己垫付的。

问：村里人对合作社的积极性高吗？

答：还可以，大部分都加入了。396 户，1053 人入社了。长住有 300 多人。

问：合作社的工作谁做？

答：出去打工的人，等有活的时候就会回来。

问：本合作社的出资形式有哪些？

答：形式上每户 3000 元，实际上没有。

问：人均耕地有多少？

答：不到三四亩。

问：本合作社是否召开社员大会？多长时间一次？

答：有事的时候开。

问：本合作社内部管理的机构及人员有哪些？

答：理事会有 1 名理事长（支部书记）、1 名理事（村主任）、监事长（支部副书记）、会计村里有 1 名，会计托管给会计事务所，每年费用 1 万元左右。

访谈对象：成员

问：您觉得合作社好不好？

答：那肯定好，最起码村里人有活干，有了收入。

问：那您参加了哪些项目？

答：种蒲公英，退耕还林了十四五亩地。

问：加入合作社之前您的收入主要来源是什么？

答：种地，还有帮村里人打工，整理过窑洞、栽树。

问：对贫困户有哪些政策扶持？

答：金融扶贫，5 万元入股清泉醋厂，从 2017 年起每年分红 3000 元，为期 3 年。

问：村民代表是怎么选出来的？

答：按片儿推选出来的，村民大会上定的。

兴县蔡家崖乡杨家坡村经济发展合作总社小结：这个合作社是根据县农经局的指导，按照河儿上村的模式设立而成。

访谈六

调研对象：兴县蔡家崖乡蔡家崖村合作社

调研时间：2018 年 7 月 26 日

调研地点：兴县蔡家崖乡蔡家崖村

访谈对象：村委会主任

访谈内容：

问：请介绍一下村的基本情况。

答：有 285 户，900 人左右。2016 年脱贫，脱贫后人均年收入 7600 元。

问：有哪些合作社？

答：没有搞合作总社，有几个合作社也是个人自己搞的。

问：没有合作总社，退耕还林是怎么做的？

答：以前的退耕还林都是个人搞，搞经济林，新一轮的退耕还林就不涉及了。

问：村集体有经济收入吗？

答：村集体土地流转和房屋出租。机动地流转给个人，每亩每年 2000 元，5 年签一次合同。

问：对小合作社政府有哪些扶持政策？

答：扶持政策挺多，前几年种植经济林，政府提供树苗和 3 年的管护费，现在对化肥和种子有补贴。

兴县蔡家崖乡蔡家崖村合作社小结：兴县蔡家崖乡蔡家崖村属于城中村，晋绥革命根据地纪念馆所在地，还有商业化的红色一条街，由于地理位置优越，交通便利，村集体和村民较富裕，仅有少数几个合作社。

附录五　政策制定及咨询建议

《关于村委与农村经济发展合作总社
收益分配的指导意见（草案）①》

第一章　指导思想

第一条　以习近平新时代中国特色社会主义思想为指导，全面贯彻党的十九大精神，坚持以人民为中心的发展思想，以保护村集体及合作总社社员合法权益为核心，保障村集体利益和推进合作总社健康发展，同步促进村集体和农民财产性收入。

第二章　基本原则

第二条　保障权益、合作共赢。合作总社要对财政资金形成资产负有保值增值责任。健全农户参与机制和利益分享机制，切实保障村集体和社员的收益。

第三条　科学合理合法。收益分配方案的确定要科学合理，统筹兼顾各方利益，维护各方面的合法权益。

第四条　公开公平公正。收益分配实行阳光操作，确保收益分配公平合理、公正严明、公开监督，经得起检验和审计。

第五条　处理好分配和积累的关系。既注重扩大再生产，增加集体积累，又兼顾服务群众，平衡年度收益。收益多时应当控制分配额度，可以结转下年使用，实行以丰补歉，使社员的分配水平均衡可持续。

第三章　合作路径

第六条　发挥村集体的纽带作用，建立村集体、农户与合作总社间的利益联结机制。

第七条　村集体根据项目主管部门、乡镇政府及本集体资金（包括专项扶贫

① 该文件为调研中某县农经局提供的收益分配指导意见草案，略去一些信息。本文件仅供研究使用。

资金项目和涉农整合资金项目）安排的产业发展项目和其他造林、基础设施建设等小型公益性资金项目，经议标等程序可以优先安排由合作总社承建实施。

第八条　合作总社承建的各类项目，由各项目主管部门编制项目预算，并由财政进行投资评审，最后经项目主管部门、乡镇等参与议标交由合作总社实施。

第九条　合作总社要按照村集体项目实施方案组织实施，项目完工后经乡镇及项目主管部门验收合格后，以确认的项目决算账目作为资产确认依据，"村社"签订《资产转交及管护协议》，编制资产清册，建立资产台账，依法依规进行转交，合作总社负责经营管护。

第十条　合作总社要优先吸纳本地贫困劳动力就业，帮助有劳动能力的贫困户通过就业脱贫增收。项目实施必须安排本村村民、本社社员劳动就业，通过劳动实现农民增收。

第十一条　财政对合作总社奖补资金，要用于扩大再生产，不得分配给社员。

第十二条　对财政扶贫资金安排的项目，项目管理单位或合作总社在项目实施前还应当对项目实施方案进行公示，内容包括项目名称、资金来源、实施期限、绩效目标、实施单位及责任人、受益对象和带贫减贫机制等。项目竣工后对项目实施情况进行公告，包括资金使用、项目实施结果、检查验收结果、绩效目标实现情况。

第十三条　资金的管理按照各类项目资金的具体管理办法执行。

第四章　股权配置及分配办法

第十四条　配置集体股。为了保证村集体公益事业的发展，各类资金形成的资产，应该按一定比例配置集体股，一般村留 15%～20%，贫困村留 20%～30%。

第十五条　配置集体扶贫股。由合作总社承接的财政专项扶贫资金形成的经营性资产，合作总社应按照一定比例设立集体扶贫股，并以优先股的形式量化给贫困户。扶贫股收益权要优先分配给贫困户，并鼓励向丧失劳动力或弱劳动力的贫困户、贫困残疾人户倾斜。扶贫股实行动态调整。贫困户持有的扶贫股可以参加收益分配，但无所有权，不得转让或出售；凡实现脱贫的农户可继续拥有 3 年巩固持股期，期满后不再持有扶贫股；合作总社在巩固期后要及时履行收回扶贫股手续，并转授给新的符合持有扶贫股的贫困户，实行滚动使用，最终实现贫困户整体脱贫。全部贫困户稳定脱贫后，扶贫股转为集体股，实行全体社员同股同权。

扶贫股的分红底线应不低于商业银行一年期定期存款利率。

第十六条　由合作总社承接的财政涉农资金形成的经营性资产，可以划出一部分资产，设立贫困户优先股，剩余部分再按一定比例量化给村集体和合作总社社员。

第十七条　由合作总社承接的财政其他资金项目盈利，由合作总社全体社员共享，实行同股同权。

第十八条　在配置股权比例时，一定要考虑到贫困人口，贫困人口占合作总社社员的比例等因素。既要解决贫困户的增收又要防止"泛福利化"，既要考虑村集体的积累问题又要兼顾公平合理的原则。

第十九条　合作总社要制订股权量化方案，并按程序审议通过，报乡（镇）人民政府审批、县农经部门备案后实施。

第二十条　合作总社要加强财务管理，利用三资管理平台实行会计电算化，实行公开公示制度，强化民主监督，取信于民。收益分配前，由乡镇对合作总社年收益情况进行审计，确定可进行收益分配的方案。未经审计的，一律不得进行分配；经审计不属于收益分配范围的资金或不符合相关规定的收益资金，一律不得进行分配。

第五章　组织实施

第二十一条　加强组织领导。各乡镇、各部门要把握正确方向，谋划实和部署好收益分配工作。财政、扶贫、农经等部门要切实承担起资产收益扶贫工作的职责。农业、水利、林业、城建、交通等项目主管部门要精心组织、统筹谋划，加强工作指导和监督检查，抓好项目实施并强化管理。

第二十二条　强化项目管理机制。各乡镇、各部门要创新体制机制，规范操作，建立协调顺畅、监督有力的项目管理机制。对村集体安排的实施项目，属于政府采购、招投标管理范围的，执行相关法律、法规及制度规定。

第二十三条　强化风险防控。合作总社享有依法经营的自主权，承担项目经营风险，依法按约支付收益。贫困户不承担项目经营风险。鼓励合作总社购买商业保险，分散和降低经营风险，增强履约偿付能力。财政要利用保费补贴等扶持政策，对合作总社给予适当支持。

　　第二十四条　加快推进农村集体产权制度改革，对完成改革任务，合作总社成员完全符合村集体经济组织成员身份的合作总社，应当过渡到村集体经济组织，并向农经部门申请登记，农村集体经济组织可凭借组织登记证书办理银行开户等相关手续。

《关于村委与农村经济发展合作总社收益分配
的指导意见（草案）》建议

针对《关于村委与农村经济发展合作总社收益分配的指导意见（草案）》（以下简称"意见"），提如下几点建议，仅供参考。

第一章　指导思想

建议：第一条增加依据《中华人民共和国农民专业合作社法》等相关法律规定，制定本指导意见。

理由：农经局发此文，若以县政府名义发布，也是属于政府的抽象行政行为，应当在合作社法等相关法律框架内制定。此外，合作总社虽为本地创新，但仍需在现行合作社法的框架下运行，不能脱离合作社法的规则。

第三章　合作路径

建议：将第七条与第八条的"议标"程序去掉，改为"委托和安排"合作总社实施。

理由：2017 年修订的《农民专业合作社法》（第八章扶持措施）第 64 条规定，国家支持发展农业和农村经济的建设项目，可以委托和安排有条件的农民专业合作社实施。

意见中安排合作总社承担有关项目应当是在《合作社法》的这条规定下制定的，但是该条中使用的是"委托和安排"，而不是"招标和议标"程序。我国《招投标法》对招投标程序有严格的规定，事实上，许多项目，也不可能严格按招投标程序，可以借鉴《合作社法》第 64 条的规定。

第四章　股权配置及分配办法

（1）第十四条的"集体股"的性质是什么？

（2）第十五条的"集体扶贫股"的性质是什么？

（3）第十六条的"贫困户优先股"的性质是什么？

（4）第十九条将合作总社股权配置方案交由合作总社自己解决，没有真正给出指导意见。在此也需明确"合作社总社"普通社员的股权性质是什么？

理由： 股权配置主要基于两种因素：一是投资，二是身份。根据笔者对意见的理解，集体股、集体扶贫股、贫困户优先股都是基于特定的财政资金，分别是各类资金形成的资产、专项扶贫资金、财政涉农资金。贫困户享有的两种股均是基于其身份，其本人无出资。集体股是基于财政出资。总之，股权本质上是出资额，只是合作社总社，社员无出资，财政资金作为出资，给成员量化分配。

就这四种股，笔者认为存在以下问题：

其一，集体股应当明确是否包括后两项财政资金，以免在实践中造成混乱。

其二，贫困户优先股是否重叠设置？集体扶贫股和贫困户优先股中均为贫困户基于其身份享有的优先股，贫困户股是否泛化，是否会影响其他村民的积极性，引起他们的不满。第十八条中也提到要防止"泛福利化"，但这两种股的设置有"泛福利化"之嫌。

其三，普通成员的股权是否包含贫困户？贫困户除享有上述两种股权外，是否还与普通社员一并享有普通股权。普通成员的股权是全部基于财政性资产出资，还是普通成员有出资？根据前一段在河儿上村和杨家坡村的调研，没有普通成员出资的。

建议：

第一，明确集体股形成的资产是包括什么范围的资金？需要明确"各类资金"的范围。

第二，贫困户优先股可否单独设置一种，不必重复设置，或取消十六条的贫困户优先股。

第三，成员的股权量化方案，可否给出指导性意见，便于合作总社参考。例如，根据典型合作社股权分配原则（资本报酬有限原则），原则上往往不是一种真正意义上的利润分配。美国股份合作社中社员的身份股为普通股，每人只持有一股。

此外，可以给出指导性意见，普通成员权的身份股一般不高于银行同期存款利率（参考：山东省莱阳河洛奶牛养殖销售服务合作社章程规定："身份股只付利息，一般不高于银行同期存款利率，股息列为成本。"）。

关于盈余分配（收益分配）的指导意见

本指导意见未对收益分配给出具体指导意见，可参考《合作社法》第39~45

条，结合合作总社的特点细化。

（1）关于合作社理事等工作人员的报酬。本意见中未体现，但在《农村经济发展合作总社指导手册》（简称指导手册）中有规定。

在本县《农村经济发展合作总社指导手册》中，将理事等工作人员的报酬列为盈余分配范围，笔者认为不太妥当。学界认为，宜列为合作社的"成本"。

（2）对成员的收益分配。《指导手册》中规定为40%分配给成员，但未在指导意见中体现。

问题：该规定是否与《合作社法》的规定不一致？

理由：因为我国《合作社法》规定第四十四条规定，可分配盈余按成员与本社的交易量（额）比例返还的返还总额不得低于可分配盈余的60%。

建议：笔者认为是否在形式上应当符合立法的规定，将工作人员绩效纳入成本，不在收益分配中体现，分配盈余在形式上规定为60%。

后　记

2012 年盛夏，受好友之约一同赴山西临汾进行首次农民专业合作社的调研，当时正在思考"成员权"的一般理论问题，而农民专业合作社这一团体组织中的"成员权"运作如何？成为笔者此次调研的首要问题。之后几年，先后带调研团队赴山西运城、晋城、兴县、大同等地进行调研，随着调研的逐步深入，笔者发现"农民专业合作社的内部治理"其实是合作社目前发展中的核心问题，而这一问题与成员权也密不可分。

从 2006 年颁布的《农民专业合作社法》到 2017 年底修订，我国的农民专业合作社从一开始的蹒跚探索到逐步发展并日渐呈良好态势，农民专业合作社治理的法治化在逐渐加强。调研发现，我国农民专业合作社内部治理呈规范化发展趋势，合作社成员稳定，理事各司其职，一般有合作社章程，适时召开会议；外部发展环境较好，政府的鼓励支持极大地影响了我国合作社的成立与发展，我国地方法规的健全为合作社的发展提供更加细化规范的指引。同时，实证研究也反映了我国农民专业合作社目前发展存在的问题，例如：合作社组织的法律性质及登记存在名不符实的情形；合作社成员参与管理的自主性、积极性不高，导致合作社治理民主化程度不高等。

本书以山西省部分地区的农民专业合作社为实证研究样本，对合作社内部治理及相关理论进行一定的探索与思考。从调研中发现，农民专业合作社的治理从目前发展来看，仍存在章程规定雷同、组织机构不健全、成员大会形式主义、理事会滥用权力、监督制度不完善等诸多问题。笔者认为，要真正改变农民专业合作社治理的现状，必须着力强化成员的权利意识，合作社治理的法治化程度从根本上取决于"成员权"的实现程度！本书仅是笔者对农民专业合作社法治化治理的疏浅探索，有些问题挖掘仍不够深入，研究也尚显体系性不足，但笔者对该问题的思考仍将继续，期待在今后的探索中会有更多的发现与收获。

本书的出版，获得山西财经大学和山西财经大学法学院提供的研究经费支持，在此表示衷心感谢！同时，感谢山西财经大学法学院各位领导和同事对合作社调研的大力支持和帮助，使研究能够紧密结合实际。

衷心感谢可爱的学生们，他们对调研活动的热情参与深深地感染了笔者，他们对访谈资料的认真整理分担了笔者的工作压力，他们是笔者学术生命中不可缺少的伙伴！特别感谢苏文章、杜嘉琦、李瑞敏、梁钰斐、刘静怡、王乙妃、秦捷萌同学对调研的参与！

衷心感谢家人的默默付出，没有他们的支持，笔者无法如期完稿。

任中秀

2019 年 8 月